Carolina Ferraz

Na cozinha com
Carolina 2

Para as minhas filhas, Valentina e Isabel.

Sumário

Guia de medidas 9

Drinques

Kamikaze 13
Limonada fresh 13
44 ou Licor caseiro de laranja 14
Camburi 16
Vodca de baunilha com
morango e Limoncello 16
Drinque mineiro de cachaça 18
Martini Thai 18
Long Island brasileiro 19
Drinque de cidra irlandesa de maçã .. 19
Caipirosca 3 limões 20
Mojito de cranberry 21
Caipi saquê de lichia 23
Mint Julep 23
Negroni 23
Caipirinha de lima com manjericão ... 24
Amalfi Dream Sergio Arno 24
Gin Fizz 25
Vinho quente com especiarias 25
Sangria de vinho branco 27
Melancia com capim-limão 27
Cuba Libre 28
Vinho de cerejas frescas 29
Sunny Mary 30
Slushy Mary 30
Tomatillo Mary 31
Aperol Spritz 32
Daiquiri de abacaxi com menta 32
Sangria de morangos 34
Drinque da Fafá 34

Saladas

Salada de figos, bresaola, agrião e nozes 38
Salada Niçoise com atum crunch 40
Salada grega 41
Salada de trigo com queijo de cabra 42
Salada de beterraba com ricota caseira
e molho de uvas chef Diego Sosa 44
Salada de repolho
com uva-passa branca 45
Salada do chef do Ritz 47
Coleslaw 48
Salada cítrica de abacate 49
Salada de trigo com ceviche de salmão,
aspargos e pinoli torrados 50
Salada de kani desfiado com batata palha ... 52
Salada de abobrinha marinada 52
Salada de trigo mediterrânea 55
Salada de vieiras grelhadas
Antonio Calloni 56
Salada de siri com leite de coco 57
Salada de endívias com laranja
e molho de iogurte com hortelã 59
Salada de brócolis com
vinagrete de conhaque 59
Salada de lentilha ao vinho tinto 60
Salada Caesar com camarão
grelhado no alecrim 61
Salada de feijão branco 62

Caldos e molhos

Tomatada 67
Caldo básico de carne 68
Caldo básico de frango 69

Caldo básico de legumes 69

Caldo básico de peixe 70

Pesto de tomate seco 70

Chutney de tangerina e gengibre 71

Pesto de beterraba 71

Molho de ervas frescas 72

Pesto rústico de hortelã 72

Molho Barbecue com Bourbon 73

Molho Bechamel 74

Chutney de manga com damasco
e gengibre chef David Hertz 75

Maionese de alho (aïole) 76

Molho picante de salsa 77

Cremes e sopas

Creme de alcachofra 81

Gazpacho 82

Creme de couve-flor com gorgonzola 83

Sopa de tomate com batata 83

Canja colombiana 84

Sopa thai de frango 86

Consomê de cogumelos 87

Vichyssoise 88

Creme de ervilhas 88

Sopa de pepino 89

Canja indiana 90

Canja tailandesa 93

Arroz e batatas

Arroz de bacalhau com lentilhas 97

Batatas e cogumelos assados
com queijo Taleggio 98

Arroz integral sete grãos com amêndoas 100

Arroz basmati 101

Arroz de pato da Carlúcia 102

Papas bravas 105

Risoto de cavaquinha com leite de coco
e pimenta-dedo-de-moça 106

Arroz integral doze grãos
com funghi seco 107

Batatas com bouquet garni de ervas 108

Arroz de jasmim 110

Batatas glaceadas com bacon e cebolas 111

Batatas gratinadas ao gruyère 113

Aves

Frango francês com farofa 116

Frango com pimentão-vermelho e cebola 118

Frango assado com cebola, mostarda e mel 119

Frango com legumes no papelote 120

Frango de panela com pesto de rúcula 121

Frango com chalotas, limão e tomilho 122

Peito de frango empanado à napolitana 124

Frango cozido ao molho de ervas frescas 126

Curry de frango com amendoim
e castanha de caju chef David Hertz 127

Peito de frango refogado com sálvia 128

Salpicão de frango da Carolina 129

Peixes e frutos do mar

Camarão do Le Troquet 132

Pudim de haddock ao molho
de gorgonzola da Silvia 134

Salmão ao molho oriental
Regina Duarte 135

Cartoccio de salmão 136

Atum assado com tomate
e azeitonas verdes 137

Bacalhau gratinado Alex Lerner 138

Bacalhau assado com limão 140

Atum Crunch 141

Torta de siri 142

Sardinha frita ao molho Santorini 143

Bobó de camarão 144

Hambúrguer de salmão 146

Rolinhos thai com legumes e camarão 147

Camarões no sal grosso 148

Lobster roll André Lima de Luca 150

Bacalhau da Zuma 151

Cuscuz paulista de camarão 152

Bouillabaisse com chips de batata-doce 154

Camarão thai da Maria 157

Carnes

Guisado de filé mignon com trigo picante 160

Fraldinha grelhada 162

Contrafilé ao molho de vinho tinto 163

Lombo recheado com
tomates secos e gorgonzola 165

Ragú de ossobuco com vinho tinto 166

Hambúrguer 167

Lombo assado com mostarda 169

Filé à Wellington 170

Feijoada de favas verdes ao limão
com linguiça calabresa 172

Cozido 174

Lasanha de abobrinha Hugo Gloss 175

Costelinha com molho barbecue
André Lima de Luca 176

Filé mignon curado Regiane Alves 177

Guisado de alcachofra e filé mignon 178

Sanduíche de minialmôndega e rúcula ... 180

Moussaka 181

Massas

Tagliatelle alla crema di limone 185

Rigatoni com queijo de cabra 185

Fettuccine com almôndegas
de frango à la strogonoff 186

Espaguete de linguiça calabresa
com alcachofra e limão-siciliano 187

Nhoque de polenta branca ao molho
de limão-siciliano e queijo pecorino 188

Nhoque de ricota e espinafre 188

Mac and cheese André Lima de Luca ... 190

Spaghetti al nero de seppia 191

Spaghetti alle vongole 192

Pizza de massa folhada com
presunto de Parma e queijo feta 193

Orecchiette agli spinaci, broccoli
e alici chef Sergio Arno 194

Bavette all'aragosta chef Sergio Arno 196

Penne alle melanzane e zucchine
con mozzarella affumicata
chef Sérgio Arno 198

Spaghetti alla carbonara 200

Spaghetti alla matriciana 201

Vegetarianos

Torta de tomate 204

Curry de legumes com arroz
de limão chef Davi Hertz 206

Caponata de berinjela 208

Lasanha de espinafre e alcachofra 209

Lentilha de Puy ao curry 210

Pão de abóbora e sálvia 211

Alcachofra gratinada 213

Raízes assadas com ervas 214

Macarrão de batata-doce 215

Coxinhas de berinjela 216

Brócolis assado com cevadinha 218

Risoto de quinoa e shitake 219

Alcachofra à italiana 220

Pizza al Pomodoro 222

Polenta frita com mascarpone 223

Strudel di Zucchine 224

French toast com figos assados e alecrim 226

Quibe de abóbora com
recheio de ricota ao mel 227

Muffin de queijo 228

Purê de maçã com brócolis e gorgonzola 230

Cuscuz marroquino crocante 230

Pimentão recheado com quinoa 231

Doces

Angel Cake com calda de frutas vermelhas 234

Torta de peras 236

Mousse de chocolate 237

Cheesecake de chocolate com manteiga de amendoim 238

Bolo cremoso de milho com coco 239

Churros com doce de leite ou chocolate 240

Compota de mamão 242

Pudim de abóbora 242

Sorbet de maracujá 243

Bolo de brigadeiro com calda de chocolate da Carlúcia 245

Crème brûlée 246

Tiramisu 247

Pudim de claras 248

Naked cake de chocolate com chantilly de mel 250

Bolo de maçã 251

Romeu e Julieta cremoso 252

Torta de limão com merengue 253

Bolo podre de tapioca Fafá de Belém 254

Pastafrola de goiabada chef Diego Sosa 254

GUIA DE MEDIDAS

ÁGUA | BEBIDAS ALCÓOLICAS | CALDOS
CREME DE LEITE | LEITE | ÓLEO | SUCOS

5 ml — 1 colher de chá

15 ml — 1 colher de sopa

60 ml — ¼ de xícara de chá

70 ml — ⅓ de xícara de chá

125 ml — ½ de xícara de chá

150 ml — ⅔ de xícara de chá

180 ml — ¾ de xícara de chá

250 ml — 1 xícara de chá

200 ml — 1 copo americano

CHOCOLATE EM PÓ | CACAU EM PÓ

1 xícar de chá — 90 g

1 colher de sopa — 15 g

AÇÚCAR DE CONFEITEIRO | MASCAVO | DEMERARA

1 xícara de chá — 130 g

1 colher de sopa — 20 g

AÇÚCAR REFINADO

1 xícara de chá — 180 g

1 colher de sopa — 15 g

AMÊNDOAS | CASTANHAS | NOZES | UVA-PASSA

1 xícara de chá — 140 g

AMIDO DE MILHO | FARINHA DE MANDIOCA

1 xícara de chá — 150 g

1 colher de sopa — 10 g

ARROZ

1 xícara de chá — 200 g

AVEIA | COCO RALADO SECO | QUEIJO RALADO

1 xícara de chá — 80 g

1 colher de sopa — 5 g

FARINHA DE TRIGO | FUBÁ

1 xícara de chá — 120 g

1 colher de sopa — 15 g

FERMENTO

1 colher de chá — 10 g

MANTEIGA | MARGARINA

1 xícara de chá — 200 g

1 colher de sopa — 15 g

MEL

1 xícara de chá — 300 g

1 colher de sopa — 18 g

TABELA RÁPIDA

1 g	metade de uma colher de café
2 g	1 de colher de café cheia
5 g	1 de colher de chá cheia
15 g	1 de colher de sopa
50 g	1 xícara de café
100 g	1 xícara de chá

DRINQUES

Um delicioso drinque é uma ótima
maneira de receber os amigos. Ele pode
ser refrescante, com sabor intenso,
com cores vibrantes... enfim, há inúmeras
possibilidades e eu adoro fazê-los!

Limonada fresh

Kamikaze

Rendimento: 1 drinque | **Tempo aproximado de preparo:** 5 minutos

INGREDIENTES

- ✓ 30 ml de vodca
- ✓ 20 ml de Cointreau
- ✓ 30 ml de suco de limão-siciliano
- ✓ 5 ml de Lime Cordial
- ✓ Casca do limão-siciliano para decorar
- ✓ Gelo

MODO DE PREPARO

Misture todos os ingredientes em uma coqueteleira com duas pedras de gelo e agite bem. Sirva com gelo em um copo longo e decore com a casca do limão.

Limonada fresh

Rendimento: 5 copos | **Tempo aproximado de preparo:** 20 minutos

INGREDIENTES

- ✓ 200 ml de água
- ✓ 150 g de açúcar demerara
- ✓ 1 pepino-japonês fatiado em rodelas bem finas
- ✓ 100 ml de suco de limão
- ✓ 1 colher de chá de gengibre fresco ralado
- ✓ 500 ml de água com gás
- ✓ 500 ml de gim

MODO DE PREPARO

1. Em uma panela, misture a água com o açúcar e leve ao fogo até dissolver.
2. Retire do fogo e deixe esfriar.
3. Em uma jarra, misture todos os outros ingredientes e sirva com bastante gelo.

44 ou Licor caseiro de laranja

Rendimento: 1 ½ litro | **Tempo aproximado de preparo:** 44 dias no mínimo

O licor de laranja, ou 44, é um dos aperitivos caseiros mais tradicionais na Europa. Existem versões dele na Espanha, na Itália e na França, algumas feitas com cravo e canela, outras com uma mistura de laranjas, laranjas-amargas e limões, outras ainda com grãos de café e também as adoçadas com mel. A receita original que me deram é para uma só laranja guarnecida com 44 grãos de café, misturada a 44 cubos de açúcar e uma garrafa de "eau-de-vie". Guarda-se a mistura por 44 dias. O resultado é um drinque aromático e frutado, que pode ser misturado a um pouco de vinho branco e servido como aperitivo ou então sozinho, como sobremesa ou licor digestivo. Para meu gosto, a versão original é doce demais; por isso, cortei pela metade a quantidade de açúcar.

INGREDIENTES

- ✔ 1 laranja grande, de preferência orgânica
- ✔ 44 grãos de café
- ✔ 6 colheres de sopa de açúcar granulado
- ✔ 1 litro de "eau-de-vie" (aguardente de vinho branco seco) ou vodca

MODO DE PREPARO

1. Escove bem a laranja em água corrente e seque-a.
2. Com a ponta de uma faca afiada, fure toda a laranja e enfie sob a casca os 44 grãos de café.
3. Em um recipiente de vidro hermético, arrume a laranja, acrescente as 6 colheres de açúcar e a "eau-de-vie" ou a vodca. O vidro deve ser bem vedado.
4. Vire o recipiente de cabeça para baixo e agite para dissolver o açúcar.
5. Coloque o recipiente em local fresco, seco e escuro. Todos os dias, agite ou inverta o vidro até que o açúcar se dissolva e o líquido fique claro, da cor de uma laranja pálida. O licor vai adquirir uma adorável fragrância de café e laranja.

6. A partir do 44º dia, a bebida pode ser filtrada e transferida para uma atraente garrafa de licor, mas o 44 também pode ser armazenado por tempo indefinido, enquanto a laranja e os grãos de café ainda estiverem viçosos. Assim que perderem o viço devem ser eliminados.

Variação:

Na Provence, muitos cozinheiros preparam licor de laranja espetando cravos na fruta, amarrando-a com barbante e suspendendo-a em um recipiente de vidro transparente de boca larga, parcialmente cheio de "eau-de-vie" (a laranja nunca deve tocar a bebida, porém deve ficar o mais próximo possível, sem tocá-la). Depois, o vidro é vedado e armazenado em um local seco e escuro, assim, os óleos aromáticos da laranja vão impregnar a bebida alcoólica e conferem à "eau-de-vie" uma cor laranja pálida e cintilante. Cerca de um mês depois, a laranja é eliminada. O líquido então é adoçado e colocado em uma garrafa de licor bem fechada.

Camburi

Rendimento: 2 drinques | **Tempo aproximado de preparo:** 5 minutos

Esse drinque é uma homenagem a uma das praias mais lindas que eu conheço.

INGREDIENTES:
- ✔ 200 ml de chá de hibisco
- ✔ 100 ml de saquê
- ✔ 60 ml de suco de limão-siciliano (ou mais, se preferir)
- ✔ Folhas de hortelã a gosto

MODO DE PREPARO

Em uma jarra, adicione o chá de hibisco gelado e os demais ingredientes. Complete com gelo, misture bem e sirva.

DICA:

Corte rodelas finas do limão-siciliano e coloque no drinque para deixá-lo mais charmoso e saboroso.

Vodca de baunilha com morango e Limoncello

Rendimento: 1 drinque | **Tempo aproximado de preparo:** 4 dias e 10 minutos

Confesso que não sou muito fã de baunilha, mas tenho amigos que amam. E, como eu amo meus amigos, coloquei essa receita para eles e para todos os amantes de baunilha.

INGREDIENTES
- ✔ 100 ml de vodca
- ✔ 30 ml de Limoncello
- ✔ 300 g de morango
- ✔ Meia fava de baunilha
- ✔ Gelo

MODO DE PREPARO

1. Faça um pequeno corte ao longo de toda a fava para abrir a baunilha. Coloque-a dentro da garrafa de vodca e deixe descansar por 4 dias.
2. Em um processador, bata rapidamente os morangos.
3. Em uma coqueteleira, coloque o gelo, os morangos, o Limoncello e a vodca. Agite bem e sirva em um copo longo.

Camburi

Drinque mineiro de cachaça

Rendimento: 2 drinques | **Tempo aproximado de preparo:** 5 minutos

INGREDIENTES

- ✔ 100 ml de cachaça envelhecida
- ✔ 50 ml de mel
- ✔ 300 ml de chá mate
- ✔ Suco de 1 limão-taiti
- ✔ Rodelas de limão a gosto
- ✔ Gelo

MODO DE PREPARO

Em uma jarra, misture a cachaça, o mel, o mate e o suco de limão. Adicione as rodelas de limão, o gelo e sirva.

Martini Thai

Rendimento: 1 drinque | **Tempo aproximado de preparo:** 5 minutos

INGREDIENTES

- ✔ 50 ml de vodca
- ✔ 50 ml de chá de capim-limão
- ✔ 50 ml de suco de limão-siciliano
- ✔ 50 g de açúcar
- ✔ 1 pimenta-dedo-de-moça grande, sem semente

MODO DE PREPARO

Coloque todos os ingredientes (exceto a pimenta) em uma coqueteleira e misture bem. Sirva em uma taça de Martini, decorada com a pimenta.

Long Island brasileiro

Rendimento: 2 drinques | **Tempo aproximado de preparo:** 5 minutos

INGREDIENTES

- ✓ 50 ml de tequila
- ✓ 50 ml de cachaça
- ✓ 50 ml de vodca
- ✓ 50 ml de Bourbon
- ✓ 250 ml de chá mate
- ✓ 50 ml de suco de tangerina (ou mais, se preferir)
- ✓ Gelo

MODO DE PREPARO

Misture todos os ingredientes em uma coqueteleira grande, agite bem e sirva com bastante gelo.

Drinque de cidra irlandesa de maçã

Rendimento: 2 drinques | **Tempo aproximado de preparo:** 5 minutos

O Rodrigo Tozzi definiu este drinque como uma mistura entre México e Irlanda. Pode parecer confuso, mas garanto que é muito saboroso.

INGREDIENTES

- ✓ 250 ml de tequila
- ✓ 125 ml de suco de limão-taiti
- ✓ 1 colher de sopa de calda de agave (se preferir, pode ser mel)
- ✓ 550 ml de cidra irlandesa de maçã
- ✓ 4 ramos de alecrim
- ✓ Maçãs-verdes cortadas em meia-lua
- ✓ Gelo

MODO DE PREPARO

Em uma coqueteleira grande, misture a tequila, o suco de limão e o agave. Sirva em taças grandes de vinho, sem deixar cair o gelo da coqueteleira, complete com a cidra, decore com as maçãs e o alecrim e finalize com apenas uma pedra de gelo grande.

Caipirosca 3 limões

Rendimento: 1 drinque | **Tempo aproximado de preparo:** 5 minutos

Ingredientes:
- 1 limão-galego
- 1 limão-taiti
- 1 limão-siciliano
- 100 ml de vodca
- Açúcar a gosto
- Gelo

Modo de preparo
Em uma coqueteleira, coloque os limões cortados e, com um socador, macere bem. Adicione o açúcar, a vodca e gelo e agite. Sirva em seguida.

Mojito de cranberry

Rendimento: 2 drinques | **Tempo aproximado de preparo:** 15 minutos

Preparei este drinque leve e refrescante para o Antônio Calloni no meu programa. Ele adorou!

INGREDIENTES

Para o xarope de hibisco
- ✓ 1 xícara de chá de água
- ✓ 1 xícara de chá de açúcar
- ✓ Meia xícara de chá de flores secas de hibisco

Para o drinque
- ✓ 150 ml de xarope de hibisco
- ✓ 150 ml de suco de cranberry
- ✓ 250 ml de rum
- ✓ 250 ml de água com gás
- ✓ 2 colheres de sopa de suco de limão-siciliano
- ✓ 1 maço de hortelã
- ✓ 2 limões-taiti cortados em rodelas finas para decorar

MODO DE PREPARO

Para o xarope de hibisco
1. Em uma panela, junte todos os ingredientes e misture até o açúcar se dissolver. Deixe ferver e desligue o fogo.
2. Deixe esfriar completamente.
3. Coe e reserve.

Para o drinque
1. Em dois copos longos, coloque um pouco do xarope de hibisco e algumas folhas de hortelã. Com um socador, amasse as folhas.
2. Complete os copos com gelo e as rodelas de limão.
3. Em uma coqueteleira, misture o rum com o suco de cranberry e o suco de limão, e agite.
4. Despeje a bebida nos copos longos, completando com a água com gás e sirva em seguida.

Mint Julep

Caipi saquê de lichia

Rendimento: 1 drinque | **Tempo aproximado de preparo:** 10 minutos

INGREDIENTES
- ✔ 6 lichias frescas
- ✔ 120 ml de saquê
- ✔ Açúcar a gosto
- ✔ Gelo

MODO DE PREPARO
1. Descasque as lichias e tire o caroço.
2. Em uma coqueteleira, coloque as frutas e o açúcar e macere bem com um socador. Adicione o saquê e o gelo e agite bem.
3. Sirva em um copo de caipirinha.

Mint Julep

Rendimento: 2 drinques | **Tempo aproximado de preparo:** 5 minutos

INGREDIENTES
- ✔ 400 ml de Bourbon
- ✔ 1 maço de hortelã
- ✔ Açúcar a gosto
- ✔ Gelo picado

MODO DE PREPARO
Em uma jarra, amasse bem as folhas de hortelã e o açúcar. Acrescente o gelo e complete com o Bourbon. Misture bem, decore com folhas de hortelã e sirva.

Negroni

Rendimento: 1 drinque | **Tempo aproximado de preparo:** 5 minutos

INGREDIENTES
- ✔ 50 ml de gim
- ✔ 50 ml de vermute rosso
- ✔ 50 ml de Campari
- ✔ Casca de laranja para decorar.
- ✔ Gelo

MODO DE PREPARO
Em uma jarra, misture todos os ingredientes. Sirva em uma taça ou um copo baixo e decore com a casca de laranja.

DICA:
Para o drinque ficar bem geladinho e bem misturado, o truque é mexer 50 vezes. Vai fazer toda diferença.

Caipirinha de lima com manjericão

Rendimento: 2 drinques | **Tempo aproximado de preparo:** 5 minutos

O charme dessa caipirinha é o manjericão. Eu preparei o drinque para a Regina Duarte e, como ela mesma diz que "Quem sai na chuva é para se molhar", caprichei no açúcar.

INGREDIENTES

- ✔ 100 ml de cachaça envelhecida
- ✔ 2 limas-da-pérsia grandes
- ✔ 1 colher de sopa de açúcar
- ✔ Meio maço de manjericão
- ✔ Gelo

MODO DE PREPARO

1. Corte as limas em cubos, tirando a parte branca, e separe.
2. Em uma coqueteleira, coloque as limas, o açúcar e algumas folhas de manjericão. Amasse levemente com o socador só para extrair o aroma.
3. Adicione a cachaça, o gelo e agite bem. Sirva em um copo longo, decorando com folhas de manjericão.

Amalfi Dream Sergio Arno

Rendimento: 1 drinque | **Tempo aproximado de preparo:** 5 minutos

INGREDIENTES:

- ✔ 50 ml de vodca
- ✔ 20 ml de Limoncello
- ✔ Gelo a gosto
- ✔ 4 folhas de hortelã
- ✔ Suco de meio limão-siciliano

MODO DE PREPARO

Coloque os ingredientes em uma coqueteleira e agite. Sirva usando as folhas de hortelã para decorar.

Gin Fizz

Rendimento: 2 drinques | **Tempo aproximado de preparo:** 5 minutos

Adoro esse drinque. Às vezes coloco grãos de pimenta-do-reino para dar um toque diferente. Minha mãe vai além e acrescenta folhas de hortelã. Fica ótimo!

INGREDIENTES
- ✓ 60 ml de gim Bombay Sapphire
- ✓ 30 ml de suco de limão-siciliano
- ✓ 15 ml de suco de limão-taiti
- ✓ 1 colher de sopa de açúcar refinado
- ✓ Club Soda
- ✓ Gelo

MODO DE PREPARO
1. Em uma coqueteleira, coloque o gim, o suco dos limões, o açúcar, o gelo e agite por cerca de 10 segundos.
2. Despeje em um copo longo e complete com Club Soda, mexendo delicadamente para não perder o gás. Sirva em seguida.

Vinho quente com especiarias

Rendimento: 2 drinques | **Tempo aproximado de preparo:** 15 minutos

INGREDIENTES:
- ✓ 300 ml de vinho tinto seco
- ✓ 1 anis estrelado
- ✓ 3 zimbros
- ✓ 2 sementes de cardamomo

MODO DE PREPARO
Em uma panela, junte todos os ingredientes e leve ao fogo. Assim que ferver, apague o fogo, tampe a panela e deixe abafar por 5 minutos. Se preferir, coe a bebida em uma jarra e sirva ainda quente.

Sangria de vinho branco

Sangria de vinho branco

Rendimento: 4 drinques | **Tempo aproximado de preparo:** 20 minutos

INGREDIENTES:

- ✓ 1 garrafa de vinho branco de boa qualidade
- ✓ 2 maçãs-verdes cortadas em fatias
- ✓ 12 morangos grandes cortados ao meio
- ✓ ½ abacaxi picado
- ✓ 1 cacho de uvas-vermelhas sem sementes
- ✓ 5 pêssegos frescos picados
- ✓ 4 colheres de açúcar
- ✓ Gelo

MODO DE PREPARO

Em uma jarra grande, misture todos os ingredientes. Adicione bastante gelo e sirva.

Melancia com capim-limão

Rendimento: 3 drinques | **Tempo aproximado de preparo:** 15 minutos

Este drinque é muito refrescante! Perfeito para uma tarde ensolarada com amigos por perto.

INGREDIENTES

- ✓ 500 g de melancia sem caroços
- ✓ 200 ml de vodca
- ✓ 100 g de gengibre em tiras finas
- ✓ 200 ml de água filtrada
- ✓ ¼ de maço de capim-limão
- ✓ Gelo

MODO DE PREPARO

1. Em uma panela, ferva a água com o capim-limão picado até virar um chá de coloração amarelada. Deixe esfriar completamente.
2. Corte a melancia em cubos ou lascas, coloque em uma jarra grande, macere, deixando alguns pedaços inteiros.
3. Adicione o gengibre cortado, a vodca e o chá de capim-limão, complete com gelo e sirva.

Cuba Libre

Rendimento: 1 drinque | **Tempo aproximado de preparo:** 5 minutos

INGREDIENTES
- 60 ml de rum prata
- Suco de 1 limão-taiti
- Coca-Cola
- Rodelas de limão

MODO DE PREPARO
Em um copo longo, junte o rum e o suco de limão, complete com gelo e Coca-Cola. Decore com 2 rodelas de limão e sirva.

Vinho de cerejas frescas

Rendimento: cerca de 1 litro | **Tempo aproximado de preparo:** 1 semana

Servir o vinho em pequenos cálices no fim da refeição, se possível com uma sobremesa de cerejas, é inesquecível!

INGREDIENTES

- ✓ 1 kg de cerejas doces e frescas
- ✓ 1 xícara de chá de açúcar
- ✓ 1 fava de baunilha grande e úmida aberta ao meio
- ✓ "Eau-de-vie" ou vodca
- ✓ Vinho tinto de sua preferência

MODO DE PREPARO

1. Retire os caroços das cerejas, reservando-os.
2. Em uma panela de fundo pesado com capacidade para 3 litros, junte os caroços de cereja, a fava de baunilha e o açúcar. Cozinhe em fogo moderado, mexendo de vez em quando, durante uns 30 minutos. A mistura deve ficar escura e com a textura de um xarope.
3. Em uma tigela, acomode uma peneira grande e resistente de musselina de algodão umedecida. Despeje todo o xarope na peneira e coe. Em seguida, descarte os caroços e a fava.
4. Esmague as cerejas para extrair todo o suco que puder (a quantidade de suco vai variar de acordo com o tamanho das frutas e se elas estão ou não maduras). Em seguida, despeje o suco na peneira e coe. Descarte o que sobrar.
5. Junte o suco de cereja ao xarope e misture. Em seguida, para cada xícara de chá de suco, acrescente 1 xícara de chá de "eau-de-vie" ou vodca. Coloque em uma garrafa seca e esterilizada. Feche a garrafa com uma rolha e reserve durante 1 semana.
6. Depois, para cada xícara de chá de líquido, junte 2 xícaras de chá de vinho tinto simples, como os de Côtes du Rhône.
7. Feche a garrafa novamente com uma rolha e deixe descansar por 2 meses, antes de provar.
8. Consuma no período de um ano. Depois desse tempo, o delicado sabor de cereja vai desaparecer.

Sunny Mary

Rendimento: 4 drinques | **Tempo aproximado de preparo:** 15 minutos

Estes três Blood Maries repaginados são de um amigo expert em drinques. Fiz no meu programa e foi um sucesso!

INGREDIENTES:

- ✔ 1 kg de tomate-amarelo picado grosseiramente
- ✔ 240 ml de vodca
- ✔ 4 peperoncinos em conserva, e 50 ml do líquido da conserva
- ✔ 2 colheres de sobremesa de suco de limão-siciliano
- ✔ Sal e lemon pepper para decorar a borda do copo

MODO DE PREPARO

1. Em um processador, bata o tomate até que vire um purê. Coe bem para usar apenas o suco.
2. Em uma coqueteleira grande, misture o suco de tomate, a vodca, o líquido da conserva e o suco do limão.
3. Coloque uma mistura de sal e lemon pepper na borda de 4 copos longos. Sirva a bebida temperando a gosto e decore com os peperoncinos.

DICA:

Se preferir, você mesmo pode preparar o lemon pepper com raspas de limão-siciliano e pimenta-do-reino.

Slushy Mary

Rendimento: 2 drinques | **Tempo aproximado de preparo:** 4h15 minutos

INGREDIENTES

- ✔ 500 g de tomates vermelhos cortados em rodelas
- ✔ 240 ml de vodca
- ✔ 3 colheres de sobremesa de suco de limão-taiti
- ✔ 1 colher de sobremesa de molho inglês
- ✔ 2 colheres de chá de nabo ralado
- ✔ 360 ml de suco de tomate
- ✔ 1 colher de sobremesa de Tabasco
- ✔ Sal e pimenta-do-reino a gosto
- ✔ Gelo

MODO DE PREPARO

1. Congele as rodelas de tomate por 4 horas.
2. Em um processador, bata os tomates, o suco de limão, o nabo, o molho inglês, o Tabasco, o sal e a pimenta-do-reino até ficar cremoso.
3. Coe e acrescente o suco de tomate e a vodca. Coloque gelo e sirva.

Tomatillo Mary

Rendimento: 4 drinques | **Tempo aproximado de preparo:** 1h45 minutos

INGREDIENTES

- 1 kg de tomatillos verdes, descascados, lavados e picados
- 240 ml de vodca bem gelada
- 1 pepino-japonês descascado e picado
- 1 pimenta-jalapeño sem sementes e picada
- 180 ml de água gelada
- 3 colheres de sobremesa de suco de limão-taiti
- 1 colher de sobremesa de açúcar
- ½ colher de chá de sal
- Pimenta-caiena a gosto
- Gelo

MODO DE PREPARO

1. Em um processador, bata os tomatillos, o pepino, a jalapeño, o suco de limão, ½ colher de chá de sal e um punhado generoso de pimenta-caiena, até virar um purê.
2. Em uma jarra, misture o purê com a vodca e leve ao freezer por 1h30 antes de servir. Sirva em copos longos com gelo.

Sunny Mary, Slushy Mary, Tomatillo Mary

Aperol Spritz

Rendimento: 2 drinques | **Tempo aproximado de preparo:** 5 minutos

Este é um dos drinques que é a cara da minha mãe.

INGREDIENTES

- ✔ 350 ml de espumante
- ✔ 200 ml de Aperol
- ✔ Rodelas de laranja para decorar
- ✔ Gelo

MODO DE PREPARO

Misture todos os ingredientes em uma jarra. Coloque gelo e sirva em uma jarra decorada com rodelas de laranja.

Daiquiri de abacaxi com menta

Rendimento: 5 drinques | **Tempo aproximado de preparo:** 1 noite + 1h10 minutos

Este é um daqueles drinques que eu gosto, pois podemos servir em jarra. Acho muito simpático uma grande jarra passando pelos convidados.

INGREDIENTES

- ✔ 2 abacaxis grandes, limpos e cortados em nacos
- ✔ 500 ml de água
- ✔ 250 g de açúcar
- ✔ 500 ml de rum branco
- ✔ 250 ml de suco de limão
- ✔ 1 copo de menta fresca (ou hortelã)

MODO DE PREPARO

1. Em uma panela, coloque a água, o açúcar e o abacaxi para cozinhar até que a fruta fique bem macia, por 5 a 8 minutos.
2. Deixe esfriar um pouco e bata o abacaxi em um processador até virar um purê.
3. Em uma jarra, coe o purê, descarte a parte sólida e deixe o suco descansar por 1 hora.
4. Acrescente um punhado de menta picada no suco de abacaxi e deixe na geladeira por uma noite, para o sabor dos ingredientes se misturarem. Depois, descarte as folhas.
5. Acrescente o suco de limão e o rum branco. Decore com algumas folhas de menta fresca e sirva bem gelado.

Aperol Spritz

Sangria de morangos

Rendimento: 4 drinques | **Tempo aproximado de preparo:** 10 minutos

Aqui está um drinque gostoso e fácil. Vocês não imaginam como o fato de servi-lo em jarra deixa tudo ainda mais descontraído e despretensioso — do jeito que eu gosto.

INGREDIENTES:

- ✔ 1 garrafa de vinho tinto de boa qualidade
- ✔ 15 morangos (ou mais, se preferir) cortados em pedaços
- ✔ 2 canelas em pau
- ✔ 50 ml de suco de laranja
- ✔ 4 colheres de açúcar
- ✔ Gelo

MODO DE PREPARO

Misture tudo em uma jarra grande.
Adicione bastante gelo e sirva.

Drinque da Fafá

Rendimento: 1 drinque | **Tempo aproximado de preparo:** 5 minutos

Esse drinque é uma homenagem à querida Fafá de Belém.

INGREDIENTES:

- ✔ 50 ml de gim
- ✔ 100 ml de suco de tangerina
- ✔ 20 ml de licor de açaí
- ✔ Gelo

MODO DE PREPARO

Coloque todos os ingredientes dentro de uma coqueteleira, agite e sirva com gelo.

Sangria de morangos

SALADAS

Sou verdadeiramente leal às folhas, às verduras e aos legumes. Sou incapaz de me sentar à mesa sem iniciar qualquer refeição com um belo e bom prato de salada. Aliás, muitas vezes a salada para mim dispensa até acompanhamentos. São tantas as combinações, as texturas, as cores e os sabores, que simplesmente não me canso de saborear e devorar saladas. Acho que poucas coisas são tão revigorantes e refrescantes quanto uma boa alface fresquinha e crocante.

Salada de figos, bresaola, agrião e nozes

Rendimento: 3 a 4 porções | **Tempo aproximado de preparo:** 10 minutos

INGREDIENTES

Para a salada

- 2 maços de baby agrião sem o talo
- 8 figos maduros cortados em 4 pedaços
- 200 g de bresaola
- Um punhado de nozes trituradas grosseiramente

Para o molho

- 150 ml de azeite extravirgem
- 1 colher de sopa de vinagre balsâmico
- 1 colher de sopa de mostarda americana
- Suco de ½ limão-taiti
- 1 pitada de molho inglês
- Sal e pimenta-do-reino a gosto

MODO DE PREPARO

1. Em um bowl, junte os ingredientes da salada, rasgando as fatias de bresaola e triturando as nozes com as mãos, em pedaços irregulares.
2. Acrescente o molho da salada já emulsionado e misture delicadamente, para não machucar o figo. E, *voilà*, está pronta a sua salada!

DICA 1:

Se quiser, pode acrescentar um pouco de queijo roquefort e terá uma salada bem consistente.

DICA 2:

Vou dividir com vocês um truque pra lá de eficiente para preparar molhos. Separe um vidro de conservas de tamanho médio vazio e limpo, e de hoje em diante será nele que você fará os molhos. Basta colocar dentro do vidro todos os ingredientes do molho, tampar bem e sacudir muito. É a maneira mais fácil e eficiente de misturar e emulsionar os seus molhos. Você vai adorar! Tenho certeza.

Salada de figos, bresaola, agrião e nozes

Salada Niçoise com atum crunch

Rendimento: 2 porções | **Tempo aproximado de preparo:** 30 minutos

O atum foi sugestão minha, mas a receita é do Ricardo Tozzi. Essa salada é tudo de bom. Uma verdadeira refeição.

INGREDIENTES

Para a salada

- 350 g de vagem-francesa
- 400 g de atum fresco cortado em cubos grandes
- 2 ovos cozidos e picados
- 12 azeitonas pretas sem caroço
- 3 tomates maduros picados grosseiramente
- 1 maço de alface-romana cortada irregularmente
- 20 g de queijo feta esfarelado

Para a guarnição

- ½ baguete
- 1 colher de sopa de manteiga
- Tomilho fresco

Para o molho

- 10 folhas de manjericão-verde
- 10 folhas de manjericão-roxo
- 6 filés de anchova
- Suco de 1 limão-siciliano
- 150 ml de azeite extravirgem
- 1 colher de sopa de vinagre de vinho tinto
- 1 colher de chá de mostarda Dijon
- 1 colher de chá de mostarda Dijon ancienne
- 1 colher de chá de mel

MODO DE PREPARO

1. Cozinhe os ovos e reserve. Limpe as vagens tirando as pontas e cozinhe em uma panela com água e sal (não deixe cozinhar demais para não perder a crocância). Reserve.
2. Corte a baguete em fatias de 2 cm e torre levemente em uma frigideira untada com a manteiga salpicando tomilho fresco. Reserve.
3. Em um processador, bata todos os ingredientes do molho.
4. Pincele um pouco deste molho no atum e acrescente sal e pimenta-do-reino. Em uma frigideira bem quente e com fogo alto, jogue um fio de azeite e sele o atum por cerca de 1 minuto de cada lado
5. Em uma vasilha, coloque a alface e pique grosseiramente as azeitonas, acrescente os tomates, as vagens e misture com o molho.
6. Em um prato, monte a salada colocando o atum por cima, e só então acrescente os ovos picados e o queijo feta.
7. Não se esqueça de servir com as torradas.

DICA:

Espalhe o sal e a pimenta-do-reino sobre a tábua de carne, role o filé de atum sobre essa mistura e só então corte em cubos. Para selar o atum, não se esqueça de preaquecer a frigideira, deixando-a bem quente.

Salada grega

Rendimento: 2 porções | **Tempo aproximado de preparo:** 15 minutos

Esta é uma salada grega diferente. Repare que ela não leva folhas, e é perfeita para comer com pão. Eu já aproveitei a sobra dessa salada no dia seguinte para fazer um espaguete incrível; coloquei um pouco mais de azeite e pronto. Fica um espetáculo!

INGREDIENTES

Para a salada

- 3 tomates-italianos em cubos grandes
- 1 cebola-roxa média em fatias finas
- 1 pepino-japonês em cubos
- 1 pimentão-vermelho médio sem sementes em cubos
- 1 pimentão-verde médio sem sementes em cubos
- 1 xícara de chá de azeitonas-gregas
- 300 g de queijo feta
- Salsinha picada a gosto

Para o molho

- 3 colheres de sopa de vinagre tinto
- 60 ml de azeite extravirgem
- 1 colher de chá de orégano seco
- Sal e pimenta-do-reino a gosto

MODO DE PREPARO

1. Em uma vasilha, misture os ingredientes do molho com o auxílio de um fouet (ou use o seu vidro de conservas).
2. Em uma saladeira grande, misture todos os ingredientes, tempere com o molho e sirva com pão pita.

Salada de trigo com queijo de cabra

Rendimento: 4 porções | **Tempo aproximado de preparo:** 13 horas

INGREDIENTES

Para a salada

- ✓ 200 g de trigo
- ✓ 1 tomate picadinho
- ✓ 50 g de castanha-do-pará picadas grosseiramente ou maceradas
- ✓ 200 g de queijo de cabra
- ✓ Um punhado de sementes de romã (aproximadamente ½ romã)

Para o molho

- ✓ 150 ml de azeite extravirgem
- ✓ Suco de 1 limão
- ✓ ¼ xícara de suco de tangerina
- ✓ 1 colher de sobremesa de Shoyu
- ✓ Sal e pimenta-do-reino a gosto

MODO DE PREPARO

1. Deixe o trigo de molho na água por 12 horas. Escorra. Em uma panela de pressão com 500 ml de água, cozinhe por aproximadamente 20 minutos. Escorra e deixe esfriar completamente.
2. Use a dica do vidro de conserva para preparar o molho. Em um bowl, misture todos os ingredientes da salada, acrescente o molho, misture bem e sirva.

DICA:

Você pode preparar o trigo no dia anterior, deixá-lo pronto na geladeira, até a hora de temperar e montar a salada. Aqui em casa eu sempre acrescento rúcula picada ao trigo, misturo bem e sirvo. Fica ótimo!

Salada de trigo com queijo de cabra

Salada de beterraba com ricota caseira e molho de uvas chef Diego Sosa

Rendimento: 4 porções | **Tempo aproximado de preparo:** 40 minutos

Esta salada é MARAVILHOSA! Um presente que o Diego Sosa nos deu quando foi ao meu programa.

INGREDIENTES

- ✓ 1 kg de beterrabas pequenas

Para a ricota caseira

- ✓ 1 litro de leite integral
- ✓ 30 ml de vinagre de maçã
- ✓ Sal e pimenta-do-reino para temperar

Para o molho de uva

- ✓ 500 g de uva-verde sem caroço
- ✓ 50 ml de mel
- ✓ 30 g de tomilho fresco
- ✓ 20 g de mostarda Dijon
- ✓ 50 ml de azeite
- ✓ 15 ml de vinagre de maçã
- ✓ 10 ml de conhaque

MODO DE PREPARO

Em uma panela com água e sal, ferva as beterrabas por aproximadamente 35 minutos, até que estejam tenras. Reserve.

Para a ricota caseira

1. Em uma panela, leve o leite ao fogo. Assim que ferver, acrescente o vinagre, apague o fogo e continue mexendo por mais 1 minuto.
2. Deixe esfriar.
3. Com o auxílio de um pano e um coador, separe o leite coalhado do soro.
4. Tempere com sal e pimenta-do-reino.

Para o molho de uva

1. Separe a metade das uvas, faça um suco e reserve.
2. Corte as uvas restantes ao meio e, em uma frigideira, doure-as com o tomilho em uma parte do azeite.
3. Coe as uvas para tirá-las desse primeiro azeite. Descarte-o e volte as uvas para a frigideira.
4. Acrescente o conhaque e as uvas restantes para dar uma textura mais fresca na salada e continue selando.
5. Adicione o suco, a mostarda, o mel e o vinagre. Mexa mais um pouco e deixe o molho ganhar mais consistência.
6. Tire do fogo e acrescente azeite, misturando até atingir uma consistência mais emulsionada.

Para a salada

1. Em uma chapa bem quente, coloque as beterrabas e faça pressão com uma espátula (ou martelo de carne) para que elas se quebrem como se fossem "batatas ao murro" e, então, deixe que grelhem até que estejam chamuscadas. Não se preocupe, é importante que fiquem levemente queimadas mesmo. Incorpore as beterrabas à ricota delicadamente.
2. Jogue o molho de uvas por cima com cuidado.
3. Finalize com sal e pimenta-do-reino a gosto e um fio de azeite. Sirva em seguida.

Salada de repolho com uva-passa branca

Rendimento: 4 porções | **Tempo aproximado de preparo:** 10 minutos

Esta é uma salada ácida e crocante, perfeita para se comer com carnes.

INGREDIENTES

Para a salada
- ✓ ½ cabeça de repolho branco cortado bem fininho
- ✓ 4 ou 5 rabanetes cortados em fatias finas na mandolina
- ✓ ½ copo de uva-passa branca hidratada
- ✓ Cebolinha picada a gosto

Para o molho
- ✓ 150 ml de azeite extravirgem
- ✓ 2 colheres de sopa de vinagre de vinho branco
- ✓ 1 colher de sopa de mostarda Dijon
- ✓ 2 colheres de chá de açúcar

MODO DE PREPARO

1. Em uma vasilha misture todos os ingredientes do molho com o auxílio de um fouet.
2. Em um bowl, misture o repolho, o rabanete, as uvas-passas brancas hidratadas e a cebolinha, adicione o molho à salada e sirva imediatamente.

Salada do chef do Ritz

Salada do chef do Ritz

Rendimento: 4 porções | **Tempo aproximado de preparo:** 10 minutos

Esta salada é uma delícia! Um dos meus pratos preferidos do Ritz, restaurante de São Paulo que frequento com muito orgulho há quase 30 anos. Lá a comida é gostosa e de boa qualidade até hoje!

INGREDIENTES

Para a salada

- 1 alface-americana grande com as folhas rasgadas
- 1 maçã-verde cortada em fatias finas
- 200 g de peito de peru cortado em tirinhas
- Um punhado de semente de gergelim-preto torrado
- 6 muçarelas de búfala cortadas irregularmente

Para o molho

- 150 ml de azeite extravirgem
- 1 colher de chá de mostarda amarela
- Sal e pimenta-do-reino a gosto
- Suco de 1 limão-taiti
- 150 g de queijo roquefort

MODO DE PREPARO

Para o molho

1. Use a dica do vidro de conserva, colocando o azeite, o sal, a pimenta, a mostarda, o limão e metade do queijo roquefort esfarelado. Agite com muita força para que todos os ingredientes se misturem.
2. Se necessário, acrescente mais azeite.

Para a salada

1. Em um bowl grande, coloque todos os ingredientes, acrescente o molho e misture bem.
2. Antes de servir, esfarele a outra metade do queijo roquefort por cima.

Coleslaw

Rendimento: 4 porções | **Tempo aproximado de preparo:** 15 minutos

Eu amo essa salada! É ótima e sustenta. Você também pode misturar os 2 repolhos: verde e roxo. Fica linda!

INGREDIENTES

Para a salada

- 1 repolho-verde pequeno cortado bem fino
- 2 cenouras médias cortadas em tiras finas (use o descascador de legumes)
- 1 cebola pequena picada delicadamente

Para o molho

- 1 colher de sopa de mostarda Dijon
- 1 colher de sopa de vinagre de maçã
- 1 colher de sopa de suco de limão-siciliano
- 1 colher de sopa de açúcar
- ½ xícara de chá de maionese
- ¼ de xícara de chá de sour cream (creme azedo) ou iogurte grego natural

MODO DE PREPARO

1. Em uma vasilha, misture a maionese, a mostarda, o vinagre, o suco de limão, o açúcar e o sour cream com o auxílio de um fouet.
2. Em um bowl, acrescente o molho à salada, misture bem e sirva frio.

Salada cítrica de abacate

Rendimento: 4 porções | **Tempo aproximado de preparo:** 20 minutos

Eu fiz essa salada em homenagem ao meu querido amigo Felipe Veloso, que é todo fitness. Ela é um pouco inusitada, mas é muito saborosa e muito nutritiva.

INGREDIENTES

Para a salada

- ✓ 1 abacate grande comum ou 3 avocados pequenos
- ✓ 1 maço de alface
- ✓ 2 tangerinas
- ✓ 2 laranjas-lima
- ✓ 2 grapefruits (toranja)
- ✓ 3 pepinos em rodelas finas

Para o molho

- ✓ 150 ml de azeite extravirgem
- ✓ 30 ml colheres de sobremesa de vinagre de vinho tinto
- ✓ Manjericão a gosto
- ✓ Sal e pimenta-calabresa a gosto

MODO DE PREPARO

1. Em um processador, ou num pilão se preferir, bata bem as folhas de manjericão com um pouco de azeite, a pimenta-calabresa e um pouco de vinagre.
2. Tempere todas as frutas com um pouco do molho, se quiser pode acrescentar mais um pouquinho de azeite e vinagre. Reserve.
3. Em uma vasilha, rasgue as folhas de alface e acrescente as rodelas de pepino. Tempere com um pouco do molho e coloque em uma travessa. Acrescente as rodelas de frutas.
4. Corte o abacate e em fatias finas, tempere com o restante do molho, tomando cuidado para não desmanchar, e disponha por cima da salada. Finalize com um fio de azeite e sirva.

DICA:

As frutas são temperadas antes porque soltam muito líquido. Reserve este suco e use uma ou duas colheres para temperar o abacate.

Salada de trigo com ceviche de salmão, aspargos e pinoli torrados

Rendimento: 2 porções | **Tempo aproximado de preparo:** 13 horas

Essa salada é ótima e muito saborosa, principalmente se servida bem geladinha. Sei que, nos últimos tempos, o glúten se tornou um vilão. Mas o que eu posso fazer...? Adoro o trigo em grãos como nessa receita. Espero que vocês gostem também.

INGREDIENTES

Para a salada
- ✓ 200 g de trigo
- ✓ 8 aspargos cozidos *al dente* e fatiados (separe as pontas para decorar)
- ✓ 50 g de pinoli torrados

Para o ceviche de salmão
- ✓ 300 g de salmão fresco cortado em cubinhos
- ✓ 1 cebola-roxa média picada delicadamente
- ✓ 150 ml de azeite extravirgem
- ✓ Suco de 1 limão-siciliano
- ✓ Sal e pimenta-do-reino a gosto

MODO DE PREPARO:

1. Deixe o trigo de molho na água por 12 horas. Escorra. Em uma panela de pressão com 500 ml de água, cozinhe por aproximadamente 20 minutos. Escorra e deixe esfriar completamente.
2. Para o ceviche, misture todos os ingredientes em um bowl grande e reserve.
3. Em um outro bowl, misture o trigo com os aspargos picados, tempere com sal, pimenta-do-reino, o limão e azeite.
4. Em uma travessa, coloque o trigo temperado, acrescente o ceviche de salmão, as pontas dos aspargos e, por último, os pinoli.

DICA:

Você pode preparar o trigo no dia anterior e deixá-lo pronto na geladeira até a hora de temperar e montar a salada.

Salada de trigo com ceviche de salmão, aspargos e pinoli torrados

Salada de kani desfiado com batata palha

Rendimento: 4 porções | Tempo aproximado de preparo: 10 minutos

INGREDIENTES

Para a salada
- ✓ 1 alface-americana cortada em tirinhas bem finas
- ✓ 1 acelga pequena cortada em tiras bem finas
- ✓ 1 pacote de kani desfiado
- ✓ Gergelim-branco torrado a gosto
- ✓ Batata palha a gosto

Para o molho
- ✓ 150 ml de azeite extravirgem
- ✓ 1 colher de sopa de vinagre de vinho branco
- ✓ 1 colher de sobremesa de mostarda amarela
- ✓ Uma pitada de molho inglês
- ✓ Sal e pimenta-do-reino a gosto

MODO DE PREPARO

1. Em um bowl, misture a alface-americana, a acelga e metade do kani desfiado.
2. Use a dica do vidro de conserva para preparar o molho.
3. Coloque o restante do kani e a batata palha por cima.
4. Sirva imediatamente para que as batatas palhas se mantenham crocantes.

Salada de abobrinha marinada

Rendimento: 2 porções | **Tempo aproximado de preparo:** 10 minutos

Esta salada é fácil e muito gostosa!

INGREDIENTES

- ✓ 1 abobrinha-italiana crua cortada em tiras bem finas
- ✓ Suco de 2 limões-taiti
- ✓ 2 dentes de alho cortado em lâminas
- ✓ Pimenta-calabresa a gosto
- ✓ Cheiro-verde picado a gosto
- ✓ Azeite extravirgem a gosto

MODO DE PREPARO

Em um bowl, coloque todos os ingredientes, regue com o azeite, misture bem e sirva. Não se esqueça do cheiro verde para decorar.

Salada de kani desfiado com batata palha

Salada de trigo mediterrânea

Salada de trigo mediterrânea

Rendimento: 4 porções | **Tempo aproximado de preparo:** 13 horas

Esta salada é ideal para dias quentes. Experimente deixá-la na geladeira e servi-la bem fresquinha. É refrescante.

INGREDIENTES

Para a salada

- 200 g de trigo
- 12 tomates-cerejas, vermelhos e amarelos, cortados em cruz
- 100 g de ricota fresca cortada em cubinhos
- Folhas de manjericão a gosto
- 1 maço de rúcula
- 12 azeitonas pretas sem caroço, cortadas grosseiramente

Para o molho

- 150 ml de azeite extravirgem
- Suco de 1 limão-taiti
- Sal e pimenta-do-reino a gosto

MODO DE PREPARO

1. Deixe o trigo de molho na água por 12 horas. Escorra. Em uma panela de pressão com 500 ml de água, cozinhe por aproximadamente 20 minutos. Escorra e deixe esfriar completamente.
2. Use a dica do vidro dc conversa para preparar o molho. Em um bowl, misture todos os ingredientes, tempere e sirva.

DICA:

Você pode preparar o trigo no dia anterior e deixá-lo pronto na geladeira até a hora de temperar e montar a salada.

Salada de vieiras grelhadas Antonio Calloni

Rendimento: 4 porções | **Tempo aproximado de preparo:** 15 minutos

Esta receita deliciosa é do Antonio Calloni. É uma salada muito chique, perfeita para dias de festa.

INGREDIENTES

Para a salada

- ✔ 400 g de vieiras frescas
- ✔ ½ maço de alface crespa
- ✔ ½ maço de alface roxa
- ✔ ½ maço de rúcula
- ✔ 100 g de tomate seco picado
- ✔ 100 g de tomate-cereja (opcional)
- ✔ 100 g de queijo roquefort
- ✔ 1 cebola média picada
- ✔ Gergelim preto moído a gosto

Para o molho

- ✔ 150 ml de azeite extravirgem
- ✔ 2 colheres de sopa de vinagre
- ✔ 1 colher de sopa de mostarda Dijon
- ✔ 1 colher de sopa de maionese
- ✔ Suco de 1 limão-siciliano
- ✔ Raspas de limão-siciliano
- ✔ Sal e pimenta-do-reino a gosto

MODO DE PREPARO:

1. Em uma frigideira, grelhe as vieiras rapidamente com um fio de azeite. Reserve.
2. Em um bowl, misture o tomate seco, o roquefort, a cebola e o tomate-cereja.
3. Adicione a mostarda Dijon, a maionese e o suco de limão e incorpore tudo.
4. Coloque as folhas e regue com azeite e vinagre.
5. Por fim, disponha as vieiras grelhadas por cima e sirva.

Salada de siri com leite de coco

Rendimento: 4 porções | **Tempo aproximado de preparo:** 20 minutos

Esta salada é facílima e superssaborosa. Preparei para a Fafá de Belém no meu programa e ela já deu a dica: a carne de siri é adocicada, então tem que ser temperada com cuidado.

INGREDIENTES

- ✓ 500 g de carne de siri
- ✓ 100 ml de leite de coco
- ✓ 50 ml de azeite extravirgem
- ✓ 1 aipo picado em cubos pequenos
- ✓ 1 cebola média picada em cubos pequenos
- ✓ 3 tomates médios picados em cubos pequenos
- ✓ 1 alho-poró picado em rodelas finíssimas
- ✓ 1 cenoura média ralada grossa
- ✓ 3 pimentas-biquinho picadas
- ✓ Sal e pimenta-do-reino a gosto
- ✓ Folhas verdes a gosto (1 maço de alface romana, 1 maço de rúcula, 1 maço de escarola)

MODO DE PREPARO

1. Em uma panela, refogue o siri com o azeite por 8 a 10 minutos.
2. Desligue o fogo e, com a panela ainda quente, acrescente as pimentas, a cebola, o aipo, os tomates, a cenoura, o alho-poró e as pimentas-biquinho. Misture tudo delicadamente, acrescentando o azeite. Reserve.
3. Quando esfriar, adicione o leite de coco para dar a liga e sirva com as folhas.

Salada de endívias com laranja e molho de iogurte com hortelã

Salada de endívias com laranja e molho de iogurte com hortelã

Rendimento: 4 porções | **Tempo aproximado de preparo:** 20 minutos

INGREDIENTES

Para a salada

- ✓ 4 endívias cortadas irregularmente
- ✓ 1 radicchio cortado irregularmente
- ✓ Gomos de 1 laranja sem pele

Para o molho

- ✓ ½ xícara de chá de hortelã picada
- ✓ 200 ml de iogurte natural
- ✓ 50 ml de azeite extravirgem
- ✓ 50 ml de suco de limão-taiti
- ✓ Uma pitada de molho inglês
- ✓ Sal e pimenta-do-reino a gosto

MODO DE PREPARO

1. Misture as endívias, o radicchio e os gomos da laranja.
2. Acrescente o molho já emulsionado e sirva em seguida.

Salada de brócolis com vinagrete de conhaque

Rendimento: 4 porções | **Tempo aproximado de preparo:** 15 minutos

INGREDIENTES

Para a salada

- ✓ 1 maço de brócolis
- ✓ 100 g de tomate-cereja picados
- ✓ 1 cenoura média ralada
- ✓ Nozes a gosto

Para o molho

- ✓ 1 colher de sopa de vinagre de vinho tinto
- ✓ ½ pimenta-dedo-de-moça picadinha e sem sementes
- ✓ 100 ml de azeite extravirgem
- ✓ 30 ml de conhaque
- ✓ 1 colher de chá de açúcar
- ✓ Sal a gosto

MODO DE PREPARO

1. Escalde os brócolis em água fervendo para um cozimento rápido, por 3 a 4 minutos.
2. Espere esfriar e misture com as nozes, a cenoura e o tomate picado.
3. Em um bowl, misture o conhaque, o açúcar, o vinagre, o azeite, a pimenta e o sal com o auxílio de um fouet.
4. Regue a salada com o molho e sirva.

Salada de lentilha ao vinho tinto

Rendimento: 4 porções | **Tempo aproximado de preparo:** 30 minutos

INGREDIENTES

Para a lentilha

- ✓ 1 xícara de chá de lentilhas secas (se tiver lentilha de puy, melhor)
- ✓ 2 colheres de sopa de azeite extravirgem
- ✓ 1 colher de sopa de manteiga com sal
- ✓ 1 cebola-roxa média picada
- ✓ 2 dentes de alho bem picados
- ✓ 240 ml de vinho tinto seco
- ✓ ½ limão espremido
- ✓ Tomilho fresco a gosto
- ✓ Sal e pimenta-do-reino a gosto

Para a guarnição

- ✓ 1 maço grande de rúcula
- ✓ 200 g de queijo de cabra

MODO DE PREPARO

1. Em uma panela, cozinhe as lentilhas até que fiquem *al dente*, escorra e reserve.
2. Em uma frigideira grande, refogue a cebola na manteiga com um pouco de azeite por 4 ou 5 minutos.
3. Adicione o alho, refogando por mais 1 minuto.
4. Adicione o tomilho e o suco de limão.
5. Adicione as lentilhas, refogue rapidamente, tempere com sal e pimenta.
6. Coloque o vinho tinto e deixe cozinhar por 5 a 6 minutos.
7. Desligue o fogo, acerte o sal e pimenta-do-reino e deixa esfriar.
8. Sirva com a rúcula e o queijo de cabra esfarelado.

DICA:

A lentilha demora de 25 a 30 minutos para cozinhar, mas atenção: cada fogão é de um jeito e até a panela pode interferir no tempo de cozimento. Como é importante que ela fique *al dente*, minha sugestão é a cada 5 minutos dar uma conferida para não passar do ponto.

Salada Caesar com camarão grelhado no alecrim

Rendimento: 4 porções | **Tempo aproximado de preparo:** 20 minutos

INGREDIENTES

- ✓ 1 maço de alface-romana ou americana
- ✓ 200 g de camarão
- ✓ 1 maço grande de alecrim
- ✓ 100 g de maionese
- ✓ 150 g de iogurte grego natural
- ✓ 50 g de mostarda Dijon
- ✓ 100 g de parmesão ralado
- ✓ 100 ml de azeite extravirgem
- ✓ Sal e pimenta-do-reino a gosto
- ✓ Croutons a gosto
- ✓ 1 limão-siciliano para decorar

MODO DE PREPARO

1. Limpe os ramos de alecrim, retirando todas as folhas e deixando apenas as da pontinha do ramo. Faça espetinhos de camarão usando os galhos de alecrim.
2. Em uma frigideira antiaderente bem quente, grelhe os espetinhos num fio de azeite, até que os camarões estejam cozidos, cerca de 3 a 5 minutos. Tempere com sal e pimenta-do-reino.
3. Em uma vasilha, misture a maionese, o iogurte, a mostarda, o azeite, o parmesão, o sal e a pimenta-do-reino com o auxílio de um fouet.
4. O molho fica bem espesso, então misture bem o alface antes de servir para distribuí-lo.
5. Adicione os croutons, salpique mais um pouco de parmesão e alecrim e sirva com o espetinho de camarão por cima, decorando com o limão-siciliano cortado em quatro.

DICA:

Fique atento ao ponto do camarão. Como essa salada é bem simples, é importante que todos os ingredientes estejam no ponto certo para que fique bem gostosa. Se o camarão passar do ponto, vai ficar duro.

Salada de feijão-branco

Rendimento: 4 porções | **Tempo aproximado de preparo:** 20 minutos

INGREDIENTES

Para a salada

- 500 g de feijões-brancos previamente cozidos
- 1 cebola grande cortada em meia-lua
- 1 cebola-roxa grande cortada em meia-lua
- 2 tomates sem pele picadinhos
- 150 g de azeitonas pretas pequenas
- 2 latas de atum sólido
- ½ lata de ervilhas
- Vinagre de vinho branco para amaciar as cebolas

Para o molho

- 150 ml azeite extravirgem
- 1 colher de sopa de vinagre de vinho branco
- Sal e pimenta-do-reino a gosto

MODO DE PREPARO

1. Deixe as cebolas de molho no vinagre de vinho branco de 10 a 15 minutos para amaciarem e escorra.
2. Em um bowl, coloque o feijão, os tomates picados, as cebolas, azeitonas pretas, o atum (sem o óleo) e as ervilhas.
3. Use a dica do vidro de conserva para preparar o molho, regue a salada, misture bem e sirva.

DICA:

Coloque uma colher de chá de açúcar para amaciar ainda mais a cebola.

Salada de feijão-branco

CALDOS E MOLHOS

Caldos são a base de uma boa receita e os molhos são o toque fundamental. Neste capítulo vou dividir com vocês algumas receitas bem básicas, mas que deixam nossos pratos deliciosos!

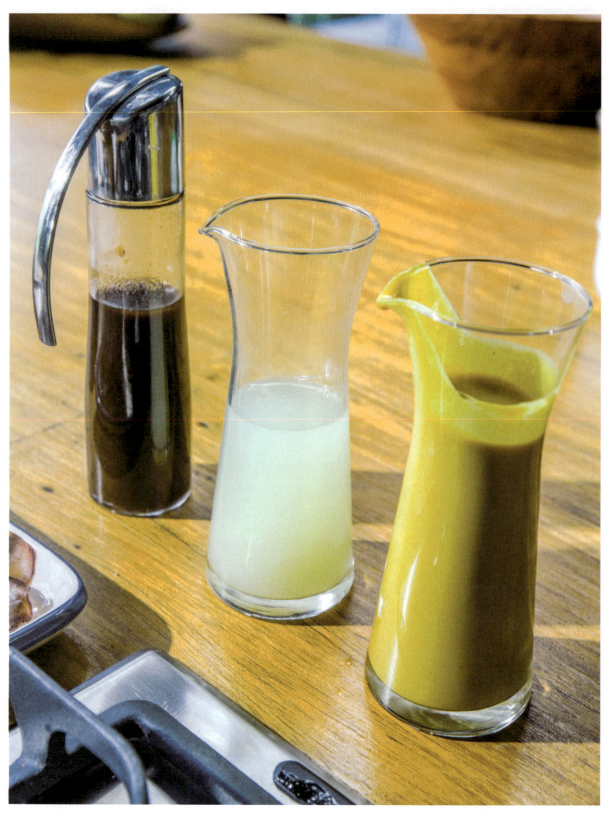

Tomatada

Rendimento: aproximadamente ½ litro | **Tempo aproximado de preparo:** 1 hora

Esta é uma receita de um molho de tomate básico que aprendi há vários anos. Ela é ótima, rende bastante e você pode guardar em um vidro de maionese limpo e deixá-la armazenada na sua geladeira para qualquer emergência. Coloque uma fina camada de papel filme e feche bem a tampa do vidro. Dessa maneira, o molho durará de 3 a 4 semanas na geladeira. Espero que goste.

INGREDIENTES

- ✓ 750 g de cebola cortada em cubos pequenos
- ✓ 20 dentes de alho cortados ao meio
- ✓ 1 ½ kg de tomates frescos sem pele bem picadinhos
- ✓ 2 litros de suco de tomate
- ✓ 60 g de linguiça seca fina inteira
- ✓ 100 ml de azeite extravirgem
- ✓ 200 ml de vinho branco seco
- ✓ 1 pimenta–malagueta (ou mais se preferir)
- ✓ 1 colher de sopa de manteiga
- ✓ Sal marinho e pimenta-do-reino a gosto
- ✓ Queijo parmesão ralado a gosto

MODO DE PREPARO

1. Em uma panela, aqueça o azeite e acrescente a cebola. Quando ela estiver douradinha, acrescente o alho e a pimenta-malagueta. Mexa e deixe refogar um pouco e então coloque a linguiça e os tomates.
2. Refogue um pouco e, antes que o tomate comece a soltar água, coloque o vinho branco, mexa e deixe ferver por uns 2 minutos. Mantenha a panela aberta para a água do tomate e o álcool do vinho evaporarem.
3. Adicione o suco de tomate, mexa, tampe a panela e deixe reduzir pela metade, por 20 a 25 minutos.
4. Retire a linguiça, passe o molho pelo *chinois* ou triture no liquidificador e então passe em uma peneira não muito fina.
5. Leve o molho de novo ao fogo e tempere com sal e pimenta-do-reino a gosto. Finalize acrescentando a manteiga e o queijo parmesão ralado e deixe levantar fervura se quiser encorpar ainda mais o seu molho. E está pronto!

DICA:

Se quiser um molho bem denso, acrescente o suco de tomate e deixe reduzir em fogo baixo por cerca de 1 hora, mexendo de tempos em tempos.

Caldo básico de carne

Rendimento: cerca de 1 litro | **Tempo aproximado de preparo:** 4h30 minutos

LEMBRETE: Nunca colocamos sal no preparo dos caldos básicos!

INGREDIENTES

- ✓ 4 litros de água
- ✓ 2 kg de osso de boi
- ✓ 2 cenouras cortadas em 3 pedaços
- ✓ 1 alho-poró em pedaços
- ✓ 2 talhos de aipo com as folhas, cortados
- ✓ 2 cebolas cortadas em quatro
- ✓ 5 grãos de pimenta-do-reino
- ✓ 2 folhas de louro
- ✓ 1 maço de salsinha
- ✓ Tomilho ou alecrim a gosto

MODO DE PREPARO

1. Lave bem os ossos e coloque-os em uma panela com água para ferver em fogo alto (nesse momento não se preocupe com a quantidade de água, ela será descartada em seguida). Assim que ferver, abaixe o fogo e cozinhe por aproximadamente 15 minutos. Descarte a água e lave os ossos em água corrente.
2. Coloque os 4 litros de água na panela com os ossos e leve para ferver em fogo alto novamente.
3. Assim que levantar fervura, abaixe o fogo e, com uma escumadeira, retire toda a espuma e os resíduos.
4. Acrescente os outros ingredientes, menos as ervas.
5. Em fogo alto, deixe levantar fervura e abaixe o fogo novamente. O caldo continuará formando espuma e soltando resíduos dos ossos. Continue retirando com a escumadeira.
6. Deixe ferver por aproximadamente 4 horas em fogo baixo, repetindo sempre o processo de retirada dos resíduos.
7. Acrescente as ervas e desligue o fogo.
8. Coe e deixe esfriar. Despeje em formas de gelo e congele para usar depois nas suas receitas. Cada cubinho da forma de gelo tem aproximadamente 30 ml.

Caldo básico de frango

Rendimento: aproximadamente 1 litro | **Tempo aproximado de preparo:** 4 horas

INGREDIENTES

- ✓ 3 litros de água
- ✓ 2 kg de pedaços de frango (carcaça, asas)
- ✓ 2 cebolas grandes cortadas em quatro
- ✓ 2 cenouras cortadas em pedaços grandes
- ✓ 1 talo de alho-poró em pedaços
- ✓ 2 talos de salsão com as folhas, cortados
- ✓ 2 folhas de louro
- ✓ 5 grãos de pimenta-do-reino
- ✓ Tomilho e salsinha a gosto

MODO DE PREPARO

1. Lave os pedaços de frango e coloque em uma panela grande com a água.
2. Deixe levantar fervura e então abaixe o fogo e, com uma escumadeira, retire a gordura e os resíduos.
3. Adicione os outros ingredientes (menos o tomilho e a salsa) e deixe cozinhar por, no mínimo, 3 horas.
4. Adicione o tomilho e a salsa, desligue o fogo e deixe esfriar.
5. Retire toda a gordura que ficou em cima do seu caldo.
6. Coe e despeje em formas de gelo e congele para usar depois nas suas receitas. Cada cubinho da forma de gelo tem aproximadamente 30 ml.

Caldo básico de legumes

Rendimento: aproximadamente 1 litro | **Tempo aproximado de preparo:** 2 horas

INGREDIENTES

- ✓ 2 cenouras cortadas em pedaços grandes
- ✓ 2 talos de salsão com as folhas, cortados
- ✓ 1 cebola grande cortada em quatro
- ✓ 2 litros de água
- ✓ 2 folhas de louro
- ✓ 3 cravos-da-índia
- ✓ 5 grãos de pimenta-do-reino
- ✓ 1 ramo de alecrim ou tomilho

MODO DE PREPARO

1. Lave bem todos os legumes, especialmente as folhas de salsão.
2. Em uma panela, coloque os legumes, as folhas de salsão e os temperos. Adicione a água e leve ao fogo alto. Quando começar a ferver, abaixe o fogo, coloque o alecrim ou o tomilho e deixe cozinhar por 45 minutos a 1 hora.
3. Desligue o fogo e deixe esfriar.
4. Coe o caldo e coloque em forminhas de gelo para facilitar o armazenamento e usar depois nas suas receitas. Cada cubinho da forma de gelo tem aproximadamente 30 ml.

Caldo básico de peixe

Rendimento: aproximadamente 1 ½ litro | **Tempo aproximado de preparo:** 2 horas

INGREDIENTES

- 3 litros de água
- 1 carcaça e 1 cabeça de um peixe grande
- 2 cenouras cortadas em pedaços grandes
- 1 alho-poró em pedaços
- 2 talos de aipo em pedaços
- 2 folhas de louro
- 6 ramos de tomilho
- 1 talo de erva-doce com as folhas

MODO DE PREPARO

1. Lave bem a carcaça e a cabeça do peixe para retirar qualquer impureza e minimizar o cheiro forte.
2. Em uma panela grande, coloque todos os ingredientes e a água. Deixe ferver até reduzir pela metade, por cerca de 1h30.
3. Coe, descarte os sólidos e reserve o líquido. Está pronto o seu caldo de peixe. Congele em formas de gelo para facilitar o armazenamento e usar depois em suas receitas. Cada cubinho da forma tem cerca de 30 ml.

DICA:

Se preferir, retire as guelras e os olhos da cabeça do peixe para não ficar com um gosto tão forte. Você também pode acrescentar cascas de camarão ou lagosta se quiser dar um toque especial ao seu caldo de peixe.

Pesto de tomate seco

Tempo aproximado de preparo: 5 minutos

INGREDIENTES

- 200 g de tomate semisseco
- ½ xícara de parmesão ralado
- 1 dente de alho
- ½ xícara de azeite de oliva extravirgem (ou mais, se preferir)
- De 10 a 12 amêndoas secas (ou mais, se preferir)
- Sal e pimenta-do-reino branca a gosto

MODO DE PREPARO

1. Em um processador, bata os ingredientes (menos as amêndoas), até formar uma mistura homogênea.
2. Acrescente as amêndoas e bata novamente até formar um pesto bem espesso e irregular.
3. Acerte o sal e a pimenta-do-reino branca.

Chutney de tangerina e gengibre

Rendimento: 4 porções | **Tempo aproximado de preparo:** 50 minutos

INGREDIENTES

- ✔ 3 tangerinas descascadas
- ✔ 60 g de gengibre picado grosseiramente
- ✔ 1 cebola-roxa em tiras finas
- ✔ 2 dentes de alho picados
- ✔ 1 pimenta-dedo-de-moça picada e sem as sementes
- ✔ 1 xícara de açúcar mascavo
- ✔ ¼ de xícara de vinagre
- ✔ ½ xícara de água
- ✔ 1 anis estrelado
- ✔ Óleo a gosto

MODO DE PREPARO

1. Em uma panela, refogue no óleo a cebola-roxa, o alho, a pimenta, o anis e o gengibre.
2. Quando a cebola e o alho estiverem douradinhos, acrescente o vinagre, o açúcar mascavo e mexa.
3. Acrescente as tangerinas e a água. Deixe levantar fervura e mexa constantemente por cerca de 15 a 20 minutos, até que ganhe uma textura licorosa e cremosa de chutney.

DICA:

Procure tirar o máximo dos fiapos brancos ao descascar as tangerinas, pois eles deixam o chutney mais amargo. Esse chutney dura tranquilamente de duas a três semanas se conservado na geladeira bem fechadinho.

Pesto de beterraba

Tempo aproximado de preparo: 5 minutos

INGREDIENTES

- ✔ 1 beterraba grande cozida
- ✔ ¼ quarto de xícara de chá de parmesão ralado
- ✔ 6 folhas grandes de manjericão
- ✔ ½ xícara de chá de azeite extravirgem
- ✔ De 8 a 10 nozes
- ✔ Sal e pimenta-do-reino preta a gosto

MODO DE PREPARO

1. Em um processador, bata os ingredientes (menos as nozes), até formar uma mistura homogênea.
2. Acrescente as nozes e bata novamente, até o molho ficar cremoso e irregular.
3. Acerte o sal e pimenta-do-reino.

Molho de ervas frescas

Tempo aproximado de preparo: 10 minutos

INGREDIENTES

- ✔ 2 dentes grandes e frescos de alho
- ✔ 4 filés de anchova bem picados
- ✔ 2 xícaras de chá de folhas de salsa lisa e fresca
- ✔ 1 xícara de chá de azedinha fresca picada grosseiramente
- ✔ 1 xícara de chá de rúcula fresca picada grosseiramente
- ✔ 2 colheres de sopa de suco de limão
- ✔ ½ xícara de chá de azeite extravirgem
- ✔ Sal marinho a gosto

MODO DE PREPARO

1. Em um processador, coloque os dentes de alho, o sal, as anchovas e pulse duas ou três vezes.
2. Junte as folhas e pulse mais duas ou três vezes, ou até o molho ficar homogêneo.
3. Acrescente o suco de limão e o azeite de oliva aos poucos e continue batendo.
4. Verifique o tempero e ajuste se necessário. Sirva imediatamente.

Pesto rústico de hortelã

Tempo aproximado de preparo: 5 minutos

Excelente para acompanhar carnes e sopas.

INGREDIENTES

- ✔ 1 maço de hortelã
- ✔ 250 ml de azeite extravirgem
- ✔ Raspas de 1 limão-siciliano
- ✔ 3 nozes
- ✔ 1 dente de alho pequeno

MODO DE PREPARO

1. Em um pilão, junte as folhas de hortelã e macere.
2. Adicione as raspas do limão, as nozes, o alho e macere bastante.
3. Aos poucos, adicione o azeite até virar uma pasta cremosa e de textura irregular.
4. Tempere com sal e pimenta e está pronto o seu pesto!

Molho Barbecue com Bourbon

Tempo aproximado de preparo: 50 minutos

INGREDIENTES

- ✔ 120 ml de Bourbon
- ✔ 1 xícara de chá de catchup
- ✔ 2 colheres de sopa de vinagre de maçã
- ✔ 2 colheres de sopa de suco de laranja
- ✔ 1 ½ colher de sopa de açúcar mascavo
- ✔ 1 colher de chá de cebola em pó
- ✔ 1 colher de chá de alho em pó
- ✔ ½ colher de sopa de melaço
- ✔ 3 colheres de sopa de mostarda Dijon
- ✔ 2 colheres de sopa de molho inglês
- ✔ 2 colheres de sopa de azeite extravirgem
- ✔ 1 ½ colher de sopa de shoyu
- ✔ ½ colher de café de pimenta-caiena

MODO DE PREPARO

1. Reserve metade do Bourbon que será usado no final da receita.
2. Em uma panela, coloque os demais ingredientes e leve ao fogo baixo, com a panela semitampada, mexendo de vez em quando. Deixe cozinhar até que o molho comece a engrossar (a consistência deve ser um pouquinho mais líquida que a do catchup).
3. Desligue o fogo, adicione o restante do Bourbon e misture com delicadeza para incorporá-lo bem ao molho e tampe a panela.
4. Espere esfriar antes de servir.

Molho Bechamel

Tempo aproximado de preparo: 40 minutos

INGREDIENTES

- ✓ 1 cebola pequena ralada
- ✓ 4 colheres de sopa de manteiga
- ✓ 5 colheres de sopa de farinha de trigo
- ✓ 1 ovo inteiro
- ✓ 1 gema
- ✓ 4 xícaras de chá de leite
- ✓ 50 g de queijo parmesão ralado
- ✓ Sal a gosto
- ✓ Noz-moscada ralada a gosto

MODO DE PREPARO

1. Em uma panela funda, derreta a manteiga e refogue a cebola ralada em fogo baixo até que fique transparente.
2. Polvilhe a farinha aos poucos para não empelotar. Doure a farinha por 3 a 4 minutos, tomando cuidado para não deixar queimar, mexendo sempre. Para isso, o fouet é o ideal, mas você também pode usar uma colher de pau.
3. Sempre em fogo baixo, vá acrescentando o leite aos poucos para dissolver a farinha. Mexa incansavelmente. Siga neste processo até ter incorporado todo o leite.
4. Acrescente o ovo e a gema e continue mexendo até que o molho engrosse. Mas, atenção! O ponto do molho é essencial. Lembre-se de que, depois de frio, ele sempre endurece, portanto, o ponto ideal é quando ele está bem cremoso e espesso, porém, não grosso.
5. Acrescente o queijo e a noz-moscada e está pronto o molho bechamel.

Chutney de manga com damasco e gengibre chef David Hertz

Rendimento: 4 porções | **Tempo aproximado de preparo:** 50 minutos

Esta receita é deliciosamente perfumada e vai bem com saladas, com carnes... você pode até saboreá-la apenas com pão.

INGREDIENTES

- ✓ 1,8 kg de manga-palmer madura
- ✓ 500 g de damasco
- ✓ 100 ml de manteiga clarificada
- ✓ 500 g de cebola-roxa picada
- ✓ 30 g de gengibre
- ✓ 30 g de alho
- ✓ 5 g de semente de mostarda-branca
- ✓ 5 g de semente de mostarda-preta
- ✓ 5 g de garam massala
- ✓ 1 g de cravo-da-índia moído
- ✓ 1 g de canela moída
- ✓ 5 g de açúcar mascavo
- ✓ 2 g de páprica picante
- ✓ 5 g de semente de cardamomo
- ✓ 30 ml de vinagre de maçã
- ✓ 50 ml de água de rosas
- ✓ Suco de 8 laranjas

MODO DE PREPARO

1. Corte a manga em cubos pequenos e reserve.
2. Em uma panela grande, coloque a manteiga clarificada para aquecer. Em seguida, adicione a cebola e deixe dourar.
3. Em um pilão, macere o alho com o gengibre até virar uma pasta e acrescente à panela quando a cebola estiver douradinha.
4. Em uma frigideira, torre as mostardas. Em seguida, acrescente o garam massala, o cravo e a canela. Misture por 20 segundos e em seguida acrescente à panela da cebola com a pasta de gengibre e mexa bem.
5. Quando começar a grudar no fundo da panela, acrescente as mangas, o suco de laranja e o açúcar mascavo. Misture bem e adicione a páprica, o cardamomo e o damasco.
6. Quando tudo estiver incorporado, acrescente a água de rosas, acerte o sabor agridoce e, se necessário, finalize com mais tempero.

Maionese de alho (aïole)

Tempo aproximado de preparo: 2 horas

Esta é uma das invenções mais felizes já criadas por um cozinheiro. É tão versátil, mas tão versátil, que combina com peixes, carnes, massas e sanduíches. Existem muitas versões do "aïole" e essa é uma das mais simples e fáceis que encontrei.

INGREDIENTES

- ✔ 2 kg de sal marinho
- ✔ 8 cabeças de alho inteiras
- ✔ ½ xícara de azeite extravirgem (ou mais, se necessário)
- ✔ 2 gemas em temperatura ambiente
- ✔ Sal a gosto

MODO DE PREPARO

1. Em um bowl, coloque os 2 quilos de sal e vá acrescentando água aos poucos (aos poucos mesmo). O ideal é que não sobre água no bowl. O sal precisa ficar apenas umedecido. Não queremos que ele seja diluído.
2. Em uma assadeira pequena, espalhe uma parte do sal umedecido. Coloque as cabeças de alho por cima e finalize cobrindo tudo com o restante do sal. A assadeira vai ficar parecendo uma almofada branca.
3. Leve ao forno preaquecido a 250°C por cerca de 1h30 ou até que o sal esteja completamente seco e rígido.
4. Retire do forno e, ainda quente, vá quebrando o sal com uma faca até conseguir encontrar as cabeças de alho.
5. Com um pano, esfregue delicadamente as cabeças de alho para retirar o excesso de sal e espere esfriar um pouco.
6. Em um bowl, esprema as cabeças de alho como se espremesse um tubo de pasta de dente. Toda a polpa interna do alho sairá macia e perfumada.
7. Com a ajuda de um fouet ou um garfo, acrescente as gemas uma a uma e o azeite lentamente e bata sem parar, até que esta mistura emulsione e ganhe a textura de maionese cremosa e espessa.
8. Prove o sal e ajuste se necessário.

Molho picante de salsa

Tempo aproximado de preparo: 10 minutos

Este molho é um bom coringa. Fica perfeito com espaguete ou simplesmente para comê-lo com pão. Espero que gostem dessa receita tanto quanto eu.

Ingredientes

- 6 filés de anchova escorridos e picadinhos
- 3 xícaras de chá de folha de salsa fresca
- 3 colheres de sopa de suco de limão (ou a gosto)
- ½ xícara de chá de azeite extravirgem
- 1 pimenta-dedo-de-moça picada sem semente
- De 3 a 5 dentes de alhos grandes e frescos (a gosto)
- Sal a gosto

Modo de preparo

1. Em um processador, coloque o alho, a pimenta, o sal e a anchova.
2. Junte a salsa fresca e vá batendo até o molho ficar homogêneo.
3. Acrescente o suco do limão e depois o azeite, lentamente.
4. Verifique o tempero e ajuste se necessário. Sirva imediatamente.

CREMES E SOPAS

Todo mundo sabe que eu adoro sopas.
Acho que é o tipo de alimento que
nos aquece e nos conforta. Desde uma
boa canja até um creme mais elaborado,
sopas e cremes são pratos que eu
não dispenso na minha cozinha.
E costumo caprichar muito!

Creme de alcachofra

Creme de alcachofra

Rendimento: 4 porções | **Tempo aproximado de preparo:** 1h30 minutos

INGREDIENTES

- ✔ 5 corações de alcachofra cortados em pedaços irregulares
- ✔ 5 colheres de sopa de manteiga
- ✔ 2 dentes de alho picadinhos
- ✔ 1 ½ litro de caldo de legumes (ver no capítulo Caldos e Molhos)
- ✔ 200 g de batata cortada em cubos
- ✔ 1 alho-poró fatiado
- ✔ ½ xícara de chá de cebola picada
- ✔ ½ xícara de chá de creme de leite fresco
- ✔ Louro, tomilho, salsinha e sal a gosto

MODO DE PREPARO

1. Derreta a manteiga em uma panela quente.
2. Acrescente o alho, o alho-poró, a cebola e, por último, os corações de alcachofra.
3. Refogue até que fiquem macios, por 5 a 8 minutos.
4. Adicione as batatas, o caldo de legumes e as ervas.
5. Deixe cozinhar por aproximadamente 1 hora em fogo médio.
6. Remova as ervas e bata os outros ingredientes em um processador.
7. Devolva à panela, deixe ferver, e então acrescente o creme de leite e misture.

Gazpacho

Rendimento: 4 porções | **Tempo aproximado de preparo:** 30 minutos

O gazpacho é muito mais gostoso servido frio e é perfeito para um dia de calor, para o verão. Aqui no Brasil vai muito bem.

INGREDIENTES

- ✔ 1 xícara de chá de pão dormido picado sem casca
- ✔ 1 ½ pimentão-vermelho sem pele e sem sementes assado ou em conserva
- ✔ 900 g de tomate com pele picado em pedaços irregulares
- ✔ ½ pepino
- ✔ 2 colheres de sopa de vinagre de vinho tinto
- ✔ ¾ xícara de chá de água
- ✔ 1 dente de alho
- ✔ 2 colheres de sopa de azeite extravirgem
- ✔ Sal e pimenta-do-reino a gosto

MODO DE PREPARO

1. Em um processador, ou no liquidificador, bata o pimentão, o pepino, o tomate, o alho, a água e o vinagre até que estejam bem triturados.
2. Em seguida acrescente o miolo do pão e bata até ficar homogêneo.
3. Tempere com sal e pimenta, passe para uma jarra bonita e leve à geladeira.

Creme de couve-flor com gorgonzola

Rendimento: 4 porções | **Tempo aproximado de preparo:** 40 minutos

INGREDIENTES

- ✔ 1 couve-flor
- ✔ 200 ml de creme de leite fresco
- ✔ 200 g de gorgonzola
- ✔ Sal e pimenta-do-reino a gosto

MODO DE PREPARO

1. Cozinhe a couve-flor até ficar bem macia.
2. Descarte a água do cozimento e bata a couve-flor no liquidificador com o creme de leite até obter uma pasta homogênea.
3. Coloque em uma panela e leve ao fogo médio. Adicione o gorgonzola em pedaços, e vá misturando até que o queijo derreta.
4. Ajuste o sal, tempere com a pimenta-do-reino e sirva em seguida.

Sopa de tomate com batata

Rendimento: 4 porções | **Tempo aproximado de preparo:** 40 minutos

INGREDIENTES

- ✔ 1 colher de sopa de azeite
- ✔ 25 g de manteiga
- ✔ 1 cebola média picada
- ✔ 350 g de batatas sem casca pré-cozidas e cortadas em cubos
- ✔ 450 g de tomates sem pele e cortados em cubos
- ✔ ½ litro de caldo de legumes (ver no capítulo Caldos e Molhos)
- ✔ Sal, folhas de manjericão e pimenta-do-reino a gosto

MODO DE PREPARO

1. Em uma panela, derreta a manteiga junto do azeite.
2. Acrescente a cebola e o tomate refogue por aproximadamente 7 minutos. Mantenha a panela tampada, porém mexa de vez em quando para não grudar no fundo.
3. Acrescente as batatas e o caldo de legumes. Deixe cozinhar em fogo médio por mais 15 minutos, até que as batatas estejam macias. Tempere com sal e pimenta-do-reino a gosto.
4. Bata no liquidificador e coe. Decore com as folhas de manjericão e, *voilà*, está pronta para servir.

Canja colombiana

Rendimento: 4 a 6 porções | **Tempo aproximado de preparo:** 1h30 minutos

INGREDIENTES

- ✓ 1 frango inteiro cortado em pedaços
- ✓ 2 litros de água
- ✓ 1 colher de sopa de sal
- ✓ 2 cebolas médias cortadas em fatias finas
- ✓ 4 dentes de alho amassados
- ✓ 6 tomates sem pele picados
- ✓ ½ maço de coentro fresco
- ✓ 1 pimenta-serrana verde picada
- ✓ 4 cenouras médias cortadas grosseiramente
- ✓ 1 yuca média sem casca e cortada em cubos
- ✓ Pimenta-do-reino a gosto

MODO DE PREPARO

1. Em uma panela grande, coloque os pedaços de frango, o sal e a água, e deixe ferver, retirando a gordura com uma escumadeira.
2. Acrescente as cebolas, o alho, os tomates, o coentro e a pimenta-serrana.
3. Com a panela semiaberta, deixe ferver por 30 minutos.
4. Retire o peito do frango quando estiver cozido.
5. Acrescente a cenoura e a yuca e deixe cozinhar por mais 40 minutos, até que estejam bem macias.
6. Retire as outras partes do frango da panela. Descarte a carcaça do frango, as asas e o coentro.
7. Retire a gordura do caldo, ajuste o sal e a pimenta-do-reino ao seu gosto.
8. Separe os ossos da carne e coloque-a de volta na panela.
9. Deixe cozinhar por mais 10 minutos.

DICA:

Yuca é uma raiz muito comum no Peru, Colômbia e Nicarágua.
Pode ser substituída por mandioca ou cará.

Canja colombiana

Sopa thai de frango

Rendimento: 4 porções | **Tempo aproximado de preparo:** 40 minutos

Essa sopa é saborosíssima, perfumada e muito consistente. Prometo que você não vai se arrepender.

INGREDIENTES

- 3 xícaras de chá de caldo de frango (ver no capítulo Caldos e Molhos)
- 1 raiz de coentro
- 1 cebola pequena
- 2 talos de capim-limão
- 6 pedaços de gengibre cortados finos
- 4 folhas de limão-kaffir
- 300 g de sobrecoxa desossada e sem pele
- 1 colher de sopa de óleo
- ½ xícara de chá de polpa de coco-verde
- 1 ½ colher de sopa de molho de peixe (você encontra em casas de produtos orientais)
- 2 colheres de chá de suco de limão
- ½ colher de chá de açúcar
- 200 ml de leite de coco
- 1 pimenta-dedo-de-moça (ou mais se preferir)
- Coentro picado a gosto (eu faço sem coentro)

MODO DE PREPARO

1. Em uma frigideira bem quente, coloque o óleo e refogue as sobrecoxas até que fiquem bem douradinhas. Reserve.
2. Em um pilão, macere as folhas de limão, a raiz de coentro, a cebola e o gengibre.
3. Ferva o caldo de frango e acrescente os ingredientes macerados no pilão. Deixe ferver por cerca de 5 minutos e coe.
4. Devolva o caldo coado para a panela e a adicione os demais ingredientes, inclusive o frango.
5. Deixe ferver por mais 10 minutos e está pronta!

Consomê de cogumelos

Rendimento: 4 porções | **Tempo aproximado de preparo:** 30 minutos

INGREDIENTES

- ✔ 2 xícaras de chá de caldo de legumes (ver no capítulo Caldos e Molhos)
- ✔ 3 ramos de endro fresco
- ✔ 3 ramos de tomilho fresco
- ✔ 8 folhas de hortelã
- ✔ ½ pimenta-dedo-de-moça bem picada sem sementes
- ✔ 100 g de shitake
- ✔ 100 g de shimeji
- ✔ 100 g de cogumelo-paris fresco
- ✔ 20 g de funghi seco
- ✔ 2 colheres de sopa de vinho branco seco
- ✔ 2 dentes de alho levemente amassados
- ✔ ½ cebola-roxa bem picada
- ✔ 1 dente de alho inteiro
- ✔ Óleo para refogar

MODO DE PREPARO

1. Fatie os cogumelos, separando os talos dos cogumelos-paris. Em uma panela, coloque o caldo de legumes com esses talos e o funghi seco. Deixe ferver por cerca de 30 minutos.
2. Em uma panela grande, coloque um pouco de óleo, o alho, a cebola e a pimenta-dedo-de-moça e refogue até que fiquem amolecidos. Faça um *bouquet garni* com o endro, o tomilho e a hortelã e coloque junto na panela para refogar.
3. Adicione os cogumelos e refogue por 2 a 3 minutos.
4. Acrescente o vinho branco e, em seguida, coe o caldo da outra panela, descartando os talos e o funghi. Deixe ferver por 10 minutos.
5. Retire o *bouquet garni* e os dentes de alho e sirva em seguida.
6. Se preferir uma sopa mais cremosa, adicione 200 ml de creme de leite fresco, bata tudo no liquidificador e bom apetite.

DICA:

Não se deve lavar os cogumelos. Como eles já têm bastante líquido em sua composição, correm o risco de ficar ensopados e molengas, o que modifica o sabor e a textura. Use uma escova ou um paninho para limpá-los.

Vichyssoise

Rendimento: 4 porções | **Tempo aproximado de preparo:** 35 minutos

Facílima de fazer, saborosa e consistente, essa é uma das minhas sopas preferidas. Muitas vezes, quando chego em casa exausta do dia inteiro na rua correndo pra lá e pra cá, fico feliz por saber que em 35 minutos vou ter essa sopa deliciosa para recompensar o esforço do dia a dia.

INGREDIENTES

- ✔ 500 g de batata-inglesa
- ✔ 2 talos de alho-poró picados
- ✔ 2 litros de caldo de legumes (ver no capítulo Caldos e Molhos)
- ✔ 300 ml de creme de leite fresco
- ✔ Sal, pimenta-do-reino e noz-moscada a gosto

MODO DE PREPARO

1. Corte as batatas e o alho-poró em pedaços pequenos e cozinhe no caldo de legumes.
2. Quando estiverem bem macios, bata tudo no liquidificador.
3. Passe em uma peneira e retorne ao fogo, adicionando o creme de leite.
4. Tempere com sal, pimenta-do-reino e noz-moscada.
5. Sirva fria ou quente, decorando com um pouco de cebolinha e salsa, um fio de azeite e uma pitada de pimenta.

Creme de ervilhas

Rendimento: 5 porções | **Tempo aproximado de preparo:** 20 minutos

INGREDIENTES

- ✔ 1 kg de ervilhas frescas ou congeladas
- ✔ 25 g de manteiga
- ✔ 1 cebola média
- ✔ 1 dente de alho
- ✔ ½ copo de vinho branco
- ✔ 2 colheres de sopa de creme de leite fresco
- ✔ Sal e pimenta-do-reino a gosto

MODO DE PREPARO

1. Em uma frigideira, refogue a cebola picadinha e o dente de alho picado com a manteiga.
2. Quando estiverem dourados, acrescente a ervilha e doure por mais 4 ou 5 minutos.
3. Coloque o vinho e abafe com uma tampa.
4. Deixe o álcool evaporar e continue dourando a ervilha.
5. Quando estiver bem cozida, bata tudo no processador com o creme de leite.
6. Tempere com sal e pimenta-do-reino a gosto.
7. Se ficar com uma consistência muito grossa, acrescente um pouco mais de creme de leite.

Sopa de pepino

Rendimento: 4 porções | **Tempo aproximado de preparo:** 15 minutos

A sopa de pepino é bem delicada, bem leve, quase adocicada, e vai muito bem com o pesto de hortelã

Ingredientes

- 2 pepinos grandes
- 1 ½ xícara de chá de iogurte grego natural
- 3 colheres de sopa de suco de limão
- ½ cebola-roxa picada bem fininha
- 1 dente de alho picado
- Endro fresco a gosto
- Salsinha fresca a gosto
- Cebolinha fresca a gosto

Modo de preparo

1. Retire as sementes dos pepinos e corte-os grosseiramente.
2. Em um liquidificador, coloque os pepinos cortados com os outros ingredientes, sem o sal e a pimenta. Bata até formar um líquido homogêneo. Tempere com o sal, a pimenta e, se quiser, um fio de azeite.
3. Leve à geladeira por pelo menos 3 horas, para resfriar.
4. Na hora de servir, se necessário acrescente um fio de iogurte batido para ficar um pouco menos espesso. Se preferir, coloque pedaços de pepino cortado em fatias finas e cebola-roxa para decorar.

Dica:

Os puristas podem dizer que sou louca, mas eu gosto de colocar duas gotinhas de molho inglês e um pouquinho de pimenta quando vou bater a sopa.

Canja indiana

Rendimento: 4 a 6 porções | **Tempo aproximado de preparo:** 1h30 minutos

INGREDIENTES

- ✔ 1 frango inteiro cortado em pedaços
- ✔ 2 litros de água
- ✔ 1 colher de sopa de sal
- ✔ 2 cebolas médias cortadas em quatro pedaços
- ✔ 2 dentes de alho esmagados
- ✔ ½ copo de gengibre fresco picado
- ✔ 3 fatias de gengibre
- ✔ 2 colheres de sopa de óleo
- ✔ 1 colher de chá de semente de coentro
- ✔ 1 colher de chá de semente de cominho
- ✔ 1 colher de chá de semente de mostarda (marrom ou amarela)
- ✔ 6 tomates sem pele picados
- ✔ 1 pimenta-serrana-verde (pode ser substituída por pimenta-dedo-de-moça)

MODO DE PREPARO

1. Em uma panela grande, coloque os pedaços de frango, o sal e a água e deixe ferver.
2. Acrescente o alho, a cebola e o gengibre picado.
3. Com a tampa semiaberta, reduza o fogo e ferva por uns 30 minutos.
4. Quando o peito do frango estiver cozido, retire e reserve.
5. Cozinhe o caldo por mais 30 minutos.
6. Coe o caldo em uma peneira e reserve.
7. Reserve a coxa e a sobrecoxa e guarde as outras partes para outro preparo.
8. Separe a carne das coxas e sobrecoxas dos ossos e fatie.
9. Em outra panela, coloque o óleo em fogo médio-alto e refogue as especiarias até que liberem o aroma, por cerca de 2 minutos.
10. Misture os tomates às especiarias e cozinhe até o líquido evaporar, por aproximadamente 8 minutos.
11. Acrescente no caldo da sopa coado, a pimenta e as fatias de gengibre.
12. Deixe ferver por mais 5 minutos e retire a gordura, se necessário.
13. Corrija o sal e retorne a carne do frango para a panela.
14. Pode ser servida com pedaços de laranja.

Canja indiana

Canja tailandesa

Canja tailandesa

Rendimento: 4 a 6 porções | **Tempo aproximado de preparo:** 1h30 minutos

INGREDIENTES

- 1 frango inteiro cortado em pedaços, incluindo a carcaça
- 2 litros de água
- 4 dentes de alho moídos
- 4 lâminas finas de gengibre
- 1 colher de sopa de gengibre cortado em palitos
- 3 cebolas cortadas em rodelas finas
- ½ maço de coentro fresco
- 1 copo de chá de capim-limão
- 1 colher de sopa de capim-limão picadinho
- 1 colher de sobremesa de raspas de limão-siciliano
- 2 colheres de sopa de suco de limão
- 1 pimenta-dedo-de-moça verde bem picadinha (ou mais se preferir)
- 1 colher de sopa de caldo de peixe em pó (você encontra em casas de produtos orientais)
- 1 colher de sopa de mel
- Sal a gosto

MODO DE PREPARO

1. Ferva 200 ml de água com a parte amarela e a parte verde-clara do capim-limão. Deixe ferver e coe.
2. Em uma panela grande, coloque os pedaços de frango, a água e o sal e deixe ferver. Com uma escumadeira, retire o excesso de gordura.
3. Acrescente o alho, as lâminas de gengibre, as cebolas, o coentro, o chá de capim-limão e a casca de limão e, com a panela semiaberta, deixe ferver por 30 minutos.
4. Verifique se as partes do frango estão cozidas.
5. Coe o caldo em uma peneira, reserve as coxas e sobrecoxas. Guarde as outras partes do frango para usar em outra receita.
6. Retorne o caldo para a panela e desosse as coxas e sobrecoxas.
7. Retorne a carne para a panela e deixe a sopa levantar fervura.
8. Coloque os palitinhos de gengibre, a pimenta-dedo-de-moça e o capim-limão picadinho e deixe ferver por aproximadamente 10 minutos.
9. Retire a gordura e ajuste o sal.
10. Acrescente o suco de limão e o caldo de peixe em pó e misture.
11. Se preferir, decore com coentro e rodelas de limão-siciliano.

ARROZ E BATATAS

Sou tão apaixonada por arroz e batatas que coleciono
as mais variadas receitas de risotos e pratos com batatas.
Acho que um arroz quentinho, feito na hora,
que vem direto do fogão para a mesa, é um sonho.
Gosto do aroma simples que me remete à infância.
E as batatas então? Meu Deus! O que seria de
nós todos se não houvesse batatas no mundo?
Gosto de todas elas, de todos os tipos, de todas as
nacionalidades! E podem ser cozidas, assadas, refogadas,
fritas ou amassadas... não importa como.
Batata é o ingrediente mais versátil da nossa alimentação,
e combina com peixes, aves, carnes e saladas.
Por isso, decidi fazer um capítulo para aqueles
que, como eu, são loucos por arroz e batata.

Arroz de bacalhau com lentilhas

Arroz de bacalhau com lentilhas

Rendimento: 6 porções | **Tempo aproximado de preparo:** 1h15 minutos

Esse arroz é um espetáculo e muito fácil de fazer. A única atenção extra que requer é que você precisa ficar mexendo o tempo todo para ele não queimar na panela.

INGREDIENTES

- 1 ½ kg de bacalhau dessalgado, cozido, desmanchado em nacos grandes
- 500 g de arroz arbóreo
- 1 cebola grande picadinha
- 4 dentes de alho picadinhos
- 1 abobrinha-italiana média em cubinhos
- 2 talos de salsão picados delicadamente
- 300 g de lentilhas pré-cozidas
- 3 tomates sem pele picados
- 100 ml de azeite extravirgem
- 250 ml de vinho branco seco
- 1 ½ litro do caldo do cozimento do bacalhau
- Alecrim picado a gosto
- Cebolinha picada a gosto
- Sal e pimenta-do-reino a gosto

MODO DE PREPARO

1. Em uma panela bem grande e quente, coloque o azeite e doure a cebola, o salsão e o alho.
2. Adicione o arroz e refogue por 2 a 3 minutos.
3. Acrescente o vinho branco e reduza o fogo. Adicione o tomate, a abobrinha e deixe refogar por cerca de 5 minutos, dando sempre uma mexidinha.
4. Acrescente um pouco de cebolinha picada, misture e adicione o caldo de bacalhau, tampe a panela e deixe ferver por cerca de 10 minutos, mexendo sempre.
5. Somente quando o arroz estiver no final do cozimento, acrescente a lentilha e o bacalhau.
6. Mexa delicadamente para que todos os ingredientes se incorporem e para que o bacalhau não se desmanche. Deixe cozinhar por mais 5 minutos aproximadamente.
7. Acerte o sal ao seu gosto e sirva.

DICA:

Lembre-se de que risotos normalmente conservam um pouco do líquido no final do cozimento. Nunca deixe a água secar completamente, pois o arroz seguirá cozinhando no calor. Por isso é importante tirá-lo da panela cerca de 5 minutos antes de estar realmente no ponto para que ele não chegue à mesa cozido demais.

Batatas e cogumelos assados com queijo Taleggio

Rendimento: 4 porções | **Tempo aproximado de preparo:** 1 hora

INGREDIENTES

- ✓ 1 kg de batatas pequenas pré-cozidas cortadas em gomos grossos
- ✓ 250 g de cogumelo-paris, shitake e shimeji fatiados grosseiramente
- ✓ 200 g de queijo Taleggio
- ✓ ¼ xícara de salsa picada
- ✓ 2 dentes de alho esmagados
- ✓ Azeite extravirgem a gosto
- ✓ Sal a gosto
- ✓ Pimenta-do-reino a gosto
- ✓ Sálvia a gosto

MODO DE PREPARO

1. Em uma frigideira, coloque os cogumelos, o azeite, o sal, a pimenta, a sálvia e o alho e deixe dourar, por cerca de 15 minutos.
2. Coloque as batatas em uma travessa refratária, tempere com o azeite, o sal e a pimenta a gosto. Cubra com papel-alumínio. Coloque na parte mais baixa do forno para que "tostem" rápido, por cerca de 40 minutos. Preste atenção para não queimar.
3. Retire as batatas do forno, misture os cogumelos, experimente o tempero e acrescente o queijo Taleggio por cima.
4. Leve novamente ao forno para gratinar por dois ou três minutos.

Batatas e cogumelos assados com queijo Taleggio

Arroz integral sete grãos com amêndoas

Rendimento: 4 porções | **Tempo aproximado de preparo:** 45 minutos

Este arroz é muito saboroso e perfeito para acompanhar peixes. Aqui em casa, muitas vezes sirvo-o acompanhado apenas de uma boa salada. Fica ótimo!

Ingredientes

- 1 xícara de arroz sete grãos
- 1 cenoura média ralada
- 3 ½ xícaras de água
- ½ maço de salsa picadinha
- ½ maço de cebolinha picadinha
- 100 g de amêndoas torradas (ou mais se preferir)
- Sal a gosto
- Raspas de 1 limão-siciliano

Modo de preparo

1. Em uma panela, ferva a água e adicione o arroz e a cenoura.
2. Cozinhe por 25 a 30 minutos.
3. Prove o arroz, se ainda estiver um pouco duro, adicione mais meia xícara de água fervente.
4. Torre as amêndoas em uma frigideira e quebre-as grosseiramente em um pilão. Misture-as ao arroz.
5. Finalize com a salsa e cebolinha picadinhas e as raspas de limão para dar um frescor ao prato.

Arroz basmati

Rendimento: 4 porções | **Tempo aproximado de preparo:** 25 minutos

Basmati é um arroz indiano cultivado nas montanhas do Himalaia e conhecido como o "rei das fragrâncias". Você pode procurar pelo Dehradun, que é a melhor variedade entre os basmati. Como os grãos do arroz são pequenos e leves, eles cozinham com rapidez — uma grande vantagem quando estamos com pressa. Esta receita é uma versão básica de como prepará-lo, mas você pode aromatizá-lo como preferir. Aqui em casa, cozinho sempre com um pedaço de casca de limão-siciliano ou com alguns ramos de capim-limão. Faça você mesmo a sua versão.

INGREDIENTES

- ✔ 1 xícara de chá de arroz basmati
- ✔ 1 ½ de chá de água
- ✔ Sal a gosto

MODO DE PREPARO

1. Lave o arroz em uma tigela grande com água fria. Esfregue os grãos entre os dedos para que quaisquer impurezas se soltem e boiem. Com cuidado, escorra a água e descarte-a. Reserve o arroz.
2. Em uma panela média, ferva a água. Junte o arroz e o sal, e mexa. Assim que a água ferver novamente, mexa para que nenhum grão de arroz fique grudado no fundo da panela.
3. Deixe o fogo baixo, tampe a panela e cozinhe até o arroz ficar macio e absorver toda a água, por 10 a 15 minutos. Não mexa com a colher.
4. Retire a panela do fogo e deixe o arroz descansar, com a panela tampada, por até 15 minutos.
5. Com dois garfos, afofe o arroz e sirva.

Arroz de pato Carlúcia

Rendimento: 6 porções | **Tempo aproximado de preparo:** 1h 15 minutos

A Carlúcia é uma cozinheira extraordinária. Ela preparou esse arroz no meu programa e eu fiz questão de ficar de assistente para aprender essa receita suculenta. Fica espetacular.

INGREDIENTES

- ✓ 8 coxas e sobrecoxas de pato
- ✓ 2 xícaras de chá de água quente
- ✓ 1 xícara de café de azeite
- ✓ 1 colher de sopa de alho picado
- ✓ 1 xícara de chá de alho-poró picado
- ✓ 1 xícara de chá de cebola picada
- ✓ 1 xícara de chá de azeitona-preta picada
- ✓ 1 xícara de chá de pimentão-vermelho picado
- ✓ 2 xícaras de chá de linguiça calabresa picada
- ✓ 1 xícara de café de vinho tinto
- ✓ 1 xícara de chá de molho shoyu
- ✓ 1 colher de sopa de açafrão
- ✓ 2 xícaras de chá de arroz arbóreo

MODO DE PREPARO

1. Refogue no azeite o alho, o alho-poró, o pimentão e a cebola.
2. Em seguida, acrescente as 8 coxas e sobrecoxas de pato e refogue até que estejam douradas. Despeje o vinho tinto, o molho shoyu e o açafrão, e refogue por cerca de 8 minutos até que esteja bem douradinho.
3. Despeje a água aos poucos até que o pato fique bem cozido.
4. Separe a água do refogado e reserve.
5. Desfie o pato e reserve.
6. Refogue separadamente o arroz, com uma xícara de café de azeite, as azeitonas e a porção de linguiça calabresa picada, misturando bem.
7. Acrescente o pato desfiado ao arroz refogado, misture bem e deixe cozinhar por mais 25 minutos em fogo médio (utilize a água do refogado do pato, que está reservada, complementando com água filtrada).
8. Depois de pronto, adicione salsa picada a gosto.

DICA:

Se quiser acelerar o cozimento do pato, refogue-o com os temperos e então cozinhe na panela de pressão por 10 a 15 minutos.

Arroz de pato da Carlúcia

Papas bravas

Papas bravas

Rendimento: 2 porções | **Tempo aproximado de preparo:** 45 minutos

Essas batatas são cheias de personalidade e na Espanha são servidas como tapas. Espero que gostem dessa receita. As papas bravas fazem muito sucesso quando sirvo para os meus amigos.

INGREDIENTES

- 12 batatas pequenas com casca
- 2 colheres de sopa de azeite extravirgem
- 1 colher de sopa de vinagre
- 1 pitada de páprica picante
- 1 lata de tomate pelado
- 50 g de extrato de tomate
- 1 colher de chá de molho inglês
- 1 colher de chá de pimenta-chilli em pó
- 1 dente de alho picado
- Sal a gosto

MODO DE PREPARO

1. Cozinhe as batatas em água fervente até que estejam macias, mas ainda consistentes. Escorra a água e reserve as batatas.
2. Em uma frigideira, misture o azeite com a páprica, o alho e a pimenta-chilli. Refogue e então acrescente os tomates pelados, o extrato de tomate, o vinagre e o molho inglês. Misture e deixe apurar por dois ou três minutos para os sabores se incorporarem. Prove o molho, ajuste o tempero se for necessário.
3. Em um processador, bata o molho por cerca de 2 minutos. Devolva o molho à panela e então acrescente as batatas e misture com delicadeza para não despedaçá-las. Transfira para uma travessa charmosa e sirva quente.

DICA:

Você pode fazer as batatas cozidas, mas eu prefiro assá-las partidas ao meio com azeite e flor de sal até que fiquem bem coradinhas, pois acho que assim ficam muito mais saborosas.

Risoto de cavaquinha com leite de coco e pimenta-dedo-de-moça

Rendimento: 4 porções | **Tempo aproximado de preparo:** 35 minutos

INGREDIENTES

- ✔ 400 g de carne de cavaquinha
- ✔ 300 g de arroz arbóreo
- ✔ 1 ½ litro de caldo de peixe ou de legumes (ver no capítulo Caldos e Molhos)
- ✔ 200 ml de leite de coco
- ✔ 150 g de queijo parmesão ralado
- ✔ 50 g de manteiga
- ✔ 2 colheres de sopa de óleo de canola
- ✔ 100 ml de vinho branco seco
- ✔ 50 ml de conhaque ou uísque para flambar
- ✔ 2 pimentas-dedo-de-moça picadas sem as sementes
- ✔ 2 tomates grandes picados sem a casca

MODO DE PREPARO

1. Em uma frigideira quente, coloque um fio de azeite e refogue a cavaquinha cortada em cubos irregulares, por 3 a 4 minutos.
2. Coloque o conhaque e flambe. Cuidado para não cozinhar demais a cavaquinha, essa operação é rápida, no máximo um ou dois minutos e reserve.
3. Em uma caçarola, aqueça o óleo e refogue a cebola.
4. Adicione a manteiga e a pimenta-dedo-de-moça picada.
5. Adicione o vinho e deixe evaporar um pouco.
6. Adicione o arroz e refogue por 1 ou 2 minutos. Aos poucos, adicione o leite de coco.
7. Vá adicionando o caldo de peixe aos poucos até que o arroz fique *al dente*.
8. Adicione a cavaquinha por último e misture com delicadeza. Finalize com o queijo e ajuste o sal ao seu gosto.

DICA:

Quando preparamos risotos, precisamos mexer o tempo todo enquanto cozinhamos na panela. Ao fazer isso, todos os sabores se incorporam. É essencial para que o risoto fique gostoso.

Arroz integral doze grãos com funghi seco

Rendimento: 6 porções | **Tempo aproximado de preparo:** 40 minutos

Ingredientes

- 500 g de arroz doze grãos previamente cozido *al dente*
- 100 g de funghi seco
- 1 cebola-roxa picadinha
- ½ alho-poró picadinho
- 1 dente de alho picadinho
- Salsão a gosto
- Azeite a gosto
- Sal e pimenta-do-reino a gosto

Modo de preparo

1. Hidrate o funghi por no mínimo 20 minutos, reservando a água para cozinhar o arroz e dar mais sabor.
2. Em uma panela grande, despeje o azeite e refogue a cebola, o alho, o salsão e o alho-poró até dourar.
3. Acrescente o arroz e refogue mais um pouco. Despeje toda a água do funghi, então acrescente o funghi picado.
4. Tempere com sal e pimenta, tampe a panela e deixe cozinhar.
5. Se quiser dar um toque de cor ao prato, salpique cheiro-verde fresco antes de servir.

Batatas com *bouquet garni* de ervas

Rendimento: 4 porções | **Tempo aproximado de preparo:** 1 hora

Estas batatas são cheirosas e quando faço na minha casa, todo mundo sabe qual será o cardápio do dia. Elas combinam com tudo: frango, peixes e carnes. Muitas vezes, sirvo-as acompanhadas só de salada. É uma combinação deliciosa!

INGREDIENTES

- ✔ 1 kg de batata-inglesa
- ✔ Azeite extravirgem a gosto
- ✔ Sal grosso ou flor de sal a gosto
- ✔ Alecrim a gosto
- ✔ Estragão a gosto
- ✔ Tomilho a gosto
- ✔ Barbante culinário

MODO DE PREPARO

1. Descasque as batatas e cozinhe.
2. Corte as ervas frescas em pequenos pedaços de mais ou menos 2 cm e amarre para fazer vários *bouquet garni*.
3. Corte as batatas cozidas em rodelas de 2 dedos de espessura. Coloque-as em uma assadeira e, usando um pincel culinário, unte com azeite.
4. Com uma faca, faça furos no centro de cada rodela de batata de mais ou menos 1,5 cm de profundidade.
5. Coloque um bouquet dentro do buraquinho de cada rodela de batata e tempere com o sal.
6. Leve ao forno por 20 a 30 minutos.

Batatas com *bouquet garni* de ervas

Arroz de jasmim

Rendimento: 5 porções | **Tempo aproximado de preparo:** 30 minutos

Este arroz é delicioso e seu perfume delicado é incrível! Perfeito para acompanhar peixes, frutos do mar e pratos orientais. Se você quiser, pode fazê-lo como acompanhamento para o meu camarão thai. Modéstia à parte, a receita é sensacional!

INGREDIENTES

- 500 g de arroz de jasmim
- 4 lâminas de gengibre
- 3 colheres de sopa de cebola ralada
- 2 colheres de sopa de azeite
- 2 xícaras de chá de água fervente
- 1 colher de chá de sal
- 1 lâmina de casca de limão-siciliano sem o miolinho branco
- 1 pedaço inteiro de gengibre
- 1 cebola pequena sem casca cortada ao meio

MODO DE PREPARO

1. Refogue a cebola ralada e as lâminas de gengibre no azeite, sem deixar dourar.
2. Adicione o arroz, a água fervente e um pouco de sal.
3. Coloque o pedaço inteiro de gengibre, a cebola cortada ao meio e a casca do limão-siciliano na panela para aromatizar.
4. Quando o arroz estiver cozido, misture para soltar os grãos e sirva.

Batatas glaceadas com bacon e cebolas

Rendimento: 4 porções | **Tempo aproximado de preparo:** 1h15 minutos

É impressionante como o gostinho do bacon e das ervas fica impregnado e intensifica o sabor das batatas. Elas combinam com absolutamente tudo. Se você é apaixonado por batatas como eu, somente esse prato já é uma deliciosa refeição.

INGREDIENTES

- 1 ½ kg de batata-calabresa pré-cozidas e com casca (é aquela batata de bolinha)
- 4 copos de caldo de galinha (ver no capítulo Caldos e Molhos)
- 1 dente de alho picadinho
- 1 folha de louro
- 6 ramos de tomilho
- 1 tomate grande sem semente picado
- 180 g de bacon em fatias
- ½ cebola cortada em fatias finas

MODO DE PREPARO

1. Em uma panela, coloque as batatas, o caldo de galinha, o louro, o tomilho e o tomate.
2. Tempere com sal e pimenta.
3. Em fogo médio, cozinhe as batatas até ficarem macias, por 20 minutos. Separe as batatas, coe o caldo e reserve.
4. Em uma frigideira grande, coloque o bacon até que a gordura derreta, deixando-o dourado e crocante.
5. Acrescente a cebola, abaixe o fogo e refogue mexendo sempre até ficar macia e dourada, por 5 ou 6 minutos.
6. Coloque as batatas na frigideira e acrescente o caldo.
7. Aumente o fogo e deixe cozinhar até que o líquido se reduza e as batatas fiquem glaceadas.

DICA:

Essa receita é um pouco demorada, mas neste caso o tempo é fundamental. É muito importante que você espere as suas batatas cozinharem no caldo até ficarem úmidas e incorporadas ao molho, para que o sabor do bacon e das ervas penetrem nas batatas.

Batatas gratinadas ao gruyère

Batatas gratinadas ao gruyère

Rendimento: 4 porções |**Tempo aproximado de preparo:** 2 horas

INGREDIENTES

- 2 kg de batatas-inglesas
- 1 dente de alho amassado
- 1 ½ copo de creme de leite fresco
- 2 copos de leite
- ½ colher de chá de noz-moscada
- Sal a gosto
- Pimenta-do-reino a gosto
- 4 colheres de sopa de queijo gruyère ralado
- 4 colheres de sopa de queijo parmesão

MODO DE PREPARO

1. Pré-aqueça o forno a 180ºC.
2. Descasque as batatas, corte em rodelas finas e deixe de molho na água para que não escureçam.
3. Esfregue o alho em uma travessa refratária para que fique bem impregnada com o perfume.
4. Em uma panela, aqueça o creme de leite, a noz-moscada e o leite. Tempere com sal e pimenta, deixe ferver até formarem bolhas na superfície. Acrescente o queijo parmesão e retire do fogo.
5. Escorra as batatas e coloque-as na travessa refratária.
6. Aos poucos, despeje o creme nas batatas e espalhe para que elas fiquem totalmente envolvidas.
7. Coloque o queijo gruyère por cima e leve ao forno por cerca de 1h40, até as batatas ficarem macias e gratinadas.

AVES

Frango é uma preferência nacional
e está sempre presente na nossa mesa.
Como é gostoso um franguinho crocante,
perfumando a casa toda! E as receitas
que você vai encontrar neste capítulo são
muito fáceis de fazer e ficam deliciosas!

Frango francês com farofa

Rendimento: 4 a 6 porções | **Tempo aproximado de preparo:** 2 horas

Esta receita é da minha sogra, Regina Marins. Aprendi muito com ela sobre comida e pratos tradicionais. Cozinheira de mão cheia, me ensinou essa receita simples, saborosa e com jeito de almoço de domingo.

INGREDIENTES

Para o frango

- 1 frango inteiro limpo
- 2 colheres de sobremesa de manteiga
- 1 maçã picada em 4 pedaços sem casca
- 1 cebola média cortada em 4
- 2 dentes de alho picados
- 2 folhas de louro
- Sal a gosto

Para a farofa

- 400 g de farinha de mandioca
- 2 colheres de sopa bem cheias de manteiga
- 1 maçã picada em cubos
- ½ xícara de uva-passa preta
- ½ xícara de uva-passa branca
- Sal a gosto

MODO DE PREPARO

Para o frango

1. Em uma tigela funda, misture uma colher de manteiga, a maçã, o sal, a cebola e os dentes de alho. Coloque tudo dentro do frango.
2. Com uma agulha e barbante, costure, fechando o frango.
3. Passe a manteiga restante por fora do frango, coloque uma folha de louro sobre cada asa, tempere com sal e pimenta.
4. Asse a 250°C, por aproximadamente 1h30.

Para a farofa

1. Em uma frigideira, derreta a manteiga e frite a maçã até que doure.
2. Adicione as passas e vá acrescentando aos poucos a farinha de mandioca crua, mexendo sempre, até dourar.
3. Sirva o frango com a farofa.

Frango francês com farofa

Frango com pimentão-vermelho e cebola

Rendimento: 4 porções | **Tempo aproximado de preparo:** 1h15 minutos

Este frango é um prato típico de trattoria italiana, e existem várias versões dele por aí. É consistente, saboroso e combina lindamente com a minha receita de polenta frita com mascarpone.

INGREDIENTES

- 4 pimentões-vermelhos grandes cortados em tiras finas, no sentido do comprimento, sem as sementes
- Sal marinho a gosto
- 7 colheres de sopa de azeite extravirgem (ou mais, se preferir)
- 2 cebolas médias descascadas
- 1 colher de sopa de folhas de alecrim fresco, picadinhas na hora
- 1 colher de sopa de açúcar
- 1 frango inteiro em temperatura ambiente cortado em 8 pedaços
- Pimenta-do-reino a gosto
- 1 colher de sopa de manteiga
- 1 lata de tomates pelados com o líquido
- *Bouquet garni.*
- ½ xícara de chá de caldo de frango (ver no capítulo Caldos e Molhos)
- 1 colher de sopa de vinagre balsâmico

MODO DE PREPARO

1. Em uma frigideira grande, junte o pimentão, uma pitada de sal, duas colheres de azeite e refogue com a frigideira tampada em fogo bem baixo, mexendo de vez em quando, até que esteja bem macio, por cerca de 15 minutos. Retire do fogo e reserve.
2. Corte as cebolas ao meio no sentido do comprimento. Coloque cada metade com a parte cortada para baixo sobre uma tábua e corte atravessado em fatias bem finas.
3. Em outra frigideira grande, coloque as cebolas, o alecrim, o açúcar, 2 colheres de azeite e refogue em fogo bem baixo até as cebolas ficarem bem macias e levemente douradas. Retire do fogo e reserve.
4. Tempere o frango com bastante sal e pimenta-do-reino e, em uma terceira frigideira em fogo alto, coloque o azeite de oliva restante e a manteiga. Refogue aos poucos os pedaços de frango até que estejam bem douradinhos.
5. Quando todos os pedaços estiverem dourados, deixe o frango na frigideira e acrescente a lata de tomate e o *bouquet garni*, mexa e cozinhe em fogo baixo, por 10 a 15 minutos.
6. Com uma colher de pau, amasse os tomates inteiros, acrescente o caldo de frango, a cebola, o pimentão e cozinhe tudo em fogo baixo com a frigideira parcialmente tampada, mexendo com cuidado até o frango estar bem cozido (25 a 30 minutos).
7. Retire o *bouquet garni* e descarte. Adicione o vinagre balsâmico, misture e cozinhe por mais 1 ou 2 minutos.
8. Sirva bem quente em uma travessa com tampa.

Frango assado com cebola, mostarda e mel

Rendimento: 4 porções | **Tempo aproximado de preparo:** 6 horas

Este é um prato demorado e, para que o frango fique desmanchando, leva cerca de 2 horas e meia no forno. Não tenha receio: este assado precisa da sua ajuda. É importante regá-lo sempre para que fique molhadinho e saboroso. Não se preocupe demais com a receita. Se sentir necessidade, pode acrescentar mais suco de laranja ou de limão ou mel.

INGREDIENTES

- ✓ 1 ½ kg de coxa e sobrecoxa de frango
- ✓ 7 cebolas médias
- ✓ 2 dentes de alho
- ✓ 3 colheres de sopa de mostarda
- ✓ 100 ml de suco de laranja
- ✓ 100 ml de suco de limão
- ✓ 200 ml de vinho branco seco
- ✓ 4 colheres de sopa de manteiga
- ✓ 100 ml de mel
- ✓ Alecrim fresco a gosto
- ✓ Pimenta-do-reino a gosto

MODO DE PREPARO

1. Em uma vasilha, junte os dentes de alho amassados, uma cebola ralada, o suco de laranja e coloque os pedaços de frango, deixando-os marinando por pelo menos 3 horas.
2. Em uma assadeira, coloque os pedaços de frango e 6 cebolas cortadas em 4 pedaços.
3. Espalhe a manteiga por cima do frango, o mel, o suco de limão e a mostarda, Cubra com papel-alumínio e leve ao forno a 250ºC, por 1 hora.
4. Retire o papel-alumínio, vire os pedaços de frango e a cebola para que incorporem o molho igualmente e regue com o vinho branco. Baixe o forno a 180ºC e deixe dourar por 20 a 25 minutos.
5. Deixe o frango assando e vá regando com um pouco mais de suco de laranja, limão e mel, até que ele esteja completamente dourado, caramelizado por este molho e desmanchando. Este processo leva em média mais 45 a 50 minutos.

Frango com legumes no papelote

Rendimento: 4 porções | **Tempo aproximado de preparo:** 1h30 minutos

Esse frango é muito saudável e saboroso. Tenho paixão por receitas no papelote (ou *cartoccio*), pois são cozidas sem perder a umidade natural e os nutrientes. Por isso, é importante que os legumes sejam cortados o mais fino possível. A espessura deles será determinante no resultado final do seu prato. Quando chega à mesa e abrimos o papelote, aquele vapor perfumado invade a sala, hum… não é brincadeira! E você pode fazer com os legumes que quiser! Todos são bem-vindos e lembre-se de que as ervas também estão liberadas. Pode usar, abusar e escolher as que gostar mais. Por acaso, nessa receita não usei, mas sempre coloco raspas de limão-siciliano nos meus *cartoccios*, pois incrementam ainda mais o perfume.

INGREDIENTES:

- ✓ 4 peitos de frango pequenos
- ✓ 200 g de acelga-chinesa cortada em tiras finíssimas
- ✓ 2 batatas médias cortadas em rodelas finíssimas (use a mandolina)
- ✓ 100 g de tomate-cereja
- ✓ 12 azeitonas-verdes gregas
- ✓ 1 cebola-roxa pequena cortada em tiras finíssimas
- ✓ ¼ de xícara de vinho branco seco (por papelote)
- ✓ 1 pimenta-dedo-de-moça picada e sem sementes
- ✓ 8 ramos de tomilho
- ✓ 2 colheres de sopa de azeite
- ✓ Sal, pimenta-do-reino e salsinha a gosto

MODO DE PREPARO:

1. Em uma vasilha, tempere o peito de frango com sal, pimenta-do-reino, limão, a pimenta-dedo-de-moça e, se gostar, um pouco de salsinha.
2. Usando uma tábua de carne, machuque os peitos de frango com um martelo ou faça furinhos com a ponta de uma faca afiada dos dois lados de cada peito e depois volte para a vasilha onde estão os condimentos e deixe marinar por pelo menos 30 minutos.
3. Em uma frigideira bem quente, coloque um fio de azeite e grelhe cada peito de frango por 3 ou 4 minutos de cada lado, apenas o suficiente para selar a carne.
4. Preaqueça o forno a 200ºC.
5. Corte quatro pedaços de papel-manteiga com 30 × 45 cm de diâmetro.
6. No centro de cada papel cortado, coloque um pouco da acelga, um pouco da batata e um pouco da cebola, como se fosse uma cama onde você colocará o peito de frango (lembre-se: todos os ingredientes devem ser divididos por quatro).

7. Coloque o peito de frango e feche o papelote das extremidades para o centro, como se fosse um grande pastel, deixando uma pequena abertura.

8. Por essa abertura, coloque o vinho, os tomates-cerejas, as azeitonas, mais um fio de azeite, os ramos de tomilho e ajuste o tempero ao seu gosto.

9. Termine de fechar o papelote e certifique-se de que não há entrada de ar. É muito importante que o papelote esteja vedado. Se preferir, pode grampeá-lo para ter certeza de que o papel está realmente vedado.

10. Coloque os papelotes em uma assadeira e leve ao forno por cerca de 30 minutos.

Frango de panela com pesto de rúcula

Rendimento: 4 porções | **Tempo aproximado de preparo:** 45 minutos

INGREDIENTES

Para o frango
- ✓ 1 kg de coxa e sobrecoxa, separados
- ✓ 1 dente de alho
- ✓ Suco de ½ limão
- ✓ 1 colher de chá de extrato de tomate
- ✓ Água suficiente para cozinhar o frango
- ✓ Tomilho, alecrim e sal a gosto

Para o pesto
- ✓ 1 maço de rúcula
- ✓ 1 dente de alho
- ✓ 50 g de queijo parmesão
- ✓ 20 g de nozes
- ✓ 100 ml de azeite

MODO DE PREPARO

1. Coloque o frango em uma caçarola com a pele para baixo e deixe soltar bastante gordura.

2. Coloque a cebola, o dente de alho amassado, um pouco de tomilho e alecrim e refogue até dourar.

3. Vá regando a panela com um pouco de água para que o frango refogue sem ressecar.

4. Adicione um pouco de sal, o suco de limão, o extrato de tomate e misture.

5. Continue regando com mais água e tampe a panela.

6. Repita esse processo até que o frango esteja completamente cozido. Lembre-se de que este frango foi refogado apenas com a gordura da pele e com a água que você foi pingando ao longo do processo.

7. Separe as peles do frango e descarte.

8. Em um processador, bata a rúcula com o azeite, o parmesão, o alho e as nozes para fazer o pesto.

9. Misture metade do pesto no frango ainda na panela e refogue por mais 2 ou 3 minutos.

10. Sirva o frango, decorando com o restante pesto.

Frango com chalotas, limão e tomilho

Rendimento: 4 a 6 porções | **Tempo aproximado de preparo:** 1h30 minutos

Poucos pratos são tão agradáveis como um frango inteiro bem molhadinho e dourado, depois de cozido em uma caçarola no vinho, com muitas ervas e chalotas inteirinhas e perfeitas. E, por favor, não seja sovina na hora de escolher um vinho! Esse papo de que podemos cozinhar com vinho ruim é lenda. Um bom vinho evidentemente acrescenta (e muito!) no sabor do seu prato.

INGREDIENTES

- ✓ 1 frango inteiro em temperatura ambiente
- ✓ 1 limão-siciliano
- ✓ 3 galhos grandes de tomilho fresco
- ✓ 3 colheres de sopa de manteiga
- ✓ 2 colheres de sopa de azeite extravirgem
- ✓ 3 xícaras de chá de vinho branco
- ✓ Sal e pimenta-do-reino a gosto
- ✓ *Bouquet garni*
- ✓ 20 chalotas descascadas e inteiras
- ✓ 2 colheres de sopa de creme de leite
- ✓ 3 gemas
- ✓ 2 a 3 colheres de sopa de suco de limão espremido na hora
- ✓ ½ colher de chá de noz-moscada
- ✓ 1 colher de sopa de folhas de tomilho fresco para decorar

MODO DE PREPARO

1. Tempere generosamente a cavidade do frango com sal e pimenta-do-reino. Utilizando um garfo de dois dentes ou um espeto fino, fure o limão várias vezes — no mínimo 12 — e coloque na cavidade do frango com dois galhos de tomilho.
2. Com agulha e barbante, costure a abertura do frango e reserve.
3. Em uma caçarola grande e com tampa, derreta a manteiga com o azeite em fogo médio até que fiquem bem quentes. Não deixe fazer fumaça.
4. Coloque o frango na caçarola com cuidado e doure de todos os lados por cerca de 15 minutos. Ajuste o fogo para evitar que a pele queime.
5. Retire o frango da caçarola, coloque em uma travessa e tempere generosamente com sal e pimenta-do-reino. Reserve.
6. Elimine a gordura da caçarola e, ainda em fogo médio, junte o vinho e raspe bem o fundo para soltar os pedacinhos grudados.
7. Aumente o fogo e deixe o vinho ferver até o álcool evaporar completamente (cheire de vez em quando).
8. Coloque o frango outra vez na caçarola com o peito virado para cima. Ao redor dele, coloque o *bouquet garni*, o galho restante do tomilho e as chalotas. Tampe e deixe cozinhar em fogo bem baixo por 45 a 50 minutos, até o frango ficar bem cozido.

9. Enquanto isso, em uma tigela grande, junte o creme de leite, as gemas, duas colheres de sopa do suco de limão e a noz-moscada. Misture bem e reserve.
10. Coloque o frango e as chalotas em uma travessa, cubra com papel-alumínio e leve ao forno quente apenas para conservá-lo aquecido. Retire o *bouquet garni*, o tomilho e descarte.
11. Coe o líquido do cozimento em uma peneira fina e coloque-o novamente na caçarola, levando-a de volta ao fogo. Acrescente a mistura das gemas, do creme de leite, do suco de limão e da noz-moscada.
12. Cozinhe em fogo baixo por cerca de 5 minutos, mexendo sempre e sem deixar o molho ferver, até engrossar um pouco. Prove e, se necessário, coloque mais creme de leite.
13. Verifique os temperos e, se desejar, acrescente mais suco de limão. Coe o molho novamente em uma peneira e reserve em uma tigela.
14. Corte o frango em pedaços e arrume-os com as chalotas em uma travessa grande. Use metade do molho para regar o frango e as chalotas. Espalhe por cima as folhas de tomilho e sirva quente com o restante do molho à parte.

DICA:
Para esta receita, monte seu *bouquet garni* com 1 galho grande de estragão fresco, salsinha, folhas de aipo, folhas de louro e galhos de tomilho frescos amarrados com um barbante.

Peito de frango empanado à napolitana

Rendimento: 4 porções | **Tempo aproximado de preparo:** 45 minutos

INGREDIENTES

- ✓ 4 filés de peito inteiros cortados ao meio (corte borboleta)
- ✓ 4 colheres de sopa cheias de queijo gorgonzola (ou mais, se preferir)
- ✓ 10 tomates secos picados grosseiramente
- ✓ 6 fatias de presunto cozido cortado em tiras
- ✓ 1 ½ copo de leite integral
- ✓ 150 g de farinha de rosca caseira (se não tiver, use farinha de rosca normal)
- ✓ 3 colheres de sopa de queijo parmesão ralado
- ✓ 1 colher de sobremesa de alecrim fresco picado
- ✓ Sal à vontade
- ✓ Pimenta-do-reino à vontade
- ✓ Óleo suficiente para fritar

MODO DE PREPARO

1. Em um bowl misture o queijo gorgonzola, o tomate seco e o presunto cozido. Este será o recheio do frango, então divida em quatro porções.
2. Em uma tábua de carne, coloque o peito de frango cortado à borboleta e coloque no centro a porção de recheio.
3. Feche o peito de frango como se fosse um calzone e com o auxílio de palitos de dente, espete-os para não deixar que o recheio saia.
4. Em um prato, bata dois ovos e reserve. Você pode temperar com um pouco de sal e pimenta-do-reino. Em outro prato, misture a farinha de rosca, o queijo parmesão, o alecrim picado, a pimenta-do-reino e o sal. Por fim, em um prato fundo coloque o leite.
5. Então, passe cada peito de frango recheado no leite, depois na farinha, no ovo e, em seguida, na farinha novamente. Se preferir, após a última etapa, você pode apertar um pouco o peito de frango com as mãos para que a farinha fique bem compactada e não se solte.
6. Em uma panela com óleo bem quente, frite os frangos por cerca de 15 minutos, até que estejam bem dourados.
7. Absorva o excesso de óleo com papel-toalha e retire os palitos antes de servir.

Peito de frango empanado à napolitana

Frango cozido ao molho de ervas frescas

Rendimento: 4 a 6 porções | **Tempo aproximado de preparo:** 4 horas

O frango cozido, úmido e tenro, e o molho forte de ervas, conhecido como salsa verde, são feitos um para o outro. O sabor delicado da carne combina bem com a energia e o frescor do molho picante de ervas. Cozinhar o frango é o método mais antigo de se preparar o caldo e o jantar ao mesmo tempo.

INGREDIENTES

- ✓ 1 frango inteiro e amarrado em temperatura ambiente
- ✓ 2 cebolas grandes, cortadas ao meio, cada metade espetada com 2 cravos-da-índia inteiros
- ✓ 3 dentes de alho grandes e frescos
- ✓ *Bouquet garni*
- ✓ 4 cenouras grandes e limpas amarradas
- ✓ 4 talos de aipo limpos e amarrados
- ✓ 10 grãos inteiros de pimenta-do-reino
- ✓ 1 receita de molho de ervas frescas (ver no capítulo Caldos e Molhos)

MODO DE PREPARO

1. Em uma panela bem grande, com capacidade para 8 litros, coloque todos os ingredientes menos o molho de ervas frescas. Junte água fria até cobrir e leve para cozinhar em fogo alto.
2. Com uma escumadeira, retire os ingredientes que surgirem na superfície. Diminua o fogo e deixe cozinhar por mais ou menos 3 horas, passando a escumadeira sempre que necessário.
3. Retire o frango e reserve.
4. Com uma escumadeira, retire os vegetais, o *bouquet garni* e o alho.
5. Desamarre o frango e os vegetais, então corte o frango em pedaços e disponha em uma travessa juntamente com os vegetais. Sirva imediatamente com o molho de ervas.

DICA:

Para esta receita, monte seu *bouquet garni* com galhos de salsa, folhas de aipo, galhos de tomilho, talos de aipo, todos frescos, amarrados com um barbante.

O caldo que sobrar pode ser guardado na geladeira ou congelado para ser usado em outra receita

Curry de frango com amendoim e castanha de caju chef David Hertz

Rendimento: 8 porções | **Tempo aproximado de preparo:** 2h30 minutos

Essa receita do David é forte, cheia de personalidade, muito perfumada e saborosa. Perfeita para comer com arroz de jasmim.

INGREDIENTES

- 700 g de coxa de frango
- 500 g de sobrecoxa de frango desossada
- 45 g de cúrcuma
- 5 g de noz-moscada
- 15 g de sementes de erva-doce
- 2 canelas em pau
- 2 cebolas grandes
- 150 ml de azeite de dendê
- 6 dentes de alho amassados
- 30 g de gengibre
- ½ maço de coentro fresco, picado com a raiz
- 4 tomates-italianos frescos
- 100 g de castanha de caju
- 400 ml de leite de coco
- 100 g de amendoim torrado sem pele e sem sal
- Suco de 2 limões
- Sal a gosto
- Salsinha a gosto

MODO DE PREPARO

1. Em um processador, bata a cebola, o alho, o gengibre, o coentro com a raiz e a salsinha com um pouco de água, se necessário, até virar uma pasta.
2. Em uma frigideira, aqueça a semente da erva-doce, a cúrcuma e a noz-moscada. Isso vai liberar os aromas e acentuá-los. Depois soque no pilão até virar um pó.
3. Marine o frango em todas essas especiarias por cerca de 2 horas.
4. Em uma panela bem quente, coloque o azeite de dendê e sele o frango até que fique dourado.
5. Adicione os tomates, a canela e refogue até que o frango esteja macio.
6. Pingue água quente aos poucos no canto da panela durante a cocção, se necessário. Adicione o leite de coco e vá incorporando. Cozinhe por mais cerca de 25 minutos.
7. Macere a castanha de caju com o amendoim até virar uma farofa e adicione ao frango até que o molho adquira uma consistência parecida com a de um estrogonofe.
8. Sirva com algumas castanhas e amendoins inteiros.

Peito de frango refogado com sálvia

Rendimento: 4 porções | **Tempo aproximado de preparo:** 50 minutos

Nesta receita, utilize a sálvia fresca. É fácil de fazer e combina muito bem com risotos, especialmente de limão ou de beterraba.

INGREDIENTES

- 4 peitos de frango partidos ao meio sem pele e sem osso
- 3 colheres de sopa de suco de limão espremido na hora
- 5 colheres de sopa de azeite extravirgem
- 28 folhas de sálvia fresca
- 3 colheres de sopa de manteiga
- Sal marinho e pimenta-do-reino a gosto
- 2 limões partidos ao meio para enfeitar

MODO DE PREPARO

1. Em um bowl, coloque os peitos de frango e regue com o suco de limão, um pouco de azeite e as folhas de sálvia. Vire o frango várias vezes para que fique embebido nesse caldo de temperos, depois cubra com papel-filme e deixe marinando em temperatura ambiente por cerca de 30 minutos.

2. Retire o frango, escorrendo bem o caldo. Coe a marinada em uma tigela, retirando as folhas de sálvia, e reserve.

3. Em uma frigideira grande, aqueça em fogo alto a manteiga com um fio de azeite. Coloque os peitos de frango e cozinhe sem virá-los até que estejam dourados por igual, o que leva 5 a 8 minutos.

4. Vire os peitos de frango e tempere o lado já cozido com sal e pimenta-do-reino, acrescente as folhas de sálvia retiradas da marinada. Cozinhe por mais 5 a 8 minutos, até que o outro lado esteja dourado (por dentro ele estará tenro e molhadinho). Não deixe a sálvia secar ou queimar.

5. Retire a frigideira do fogo, coloque os peitos de frango numa tábua de cortar e tempere o lado que estava na frigideira com sal e pimenta-do-reino a gosto.

6. Corte os filés em fatias diagonais e grossas e arrume-os em uma travessa espalhando as folhas de sálvia por cima. Cubra com papel-alumínio para manter o calor.

7. Jogue fora a gordura que restar na frigideira e, em fogo alto, junte a marinada reservada e mexa com uma colher de pau raspando o fundo da frigideira para soltar os pedacinhos grudados. O molho vai ferver quase que imediatamente. Deixe apurar e ficar douradinho (menos de 1 minuto), e derrame sobre os peitos de frango.

8. Enfeite com as metades de limão e sirva imediatamente.

Salpicão de frango da Carolina

Rendimento: 4 porções | **Tempo aproximado de preparo:** 2 horas

Este salpicão é fácil e surpreende pelo sabor interessante do frango defumado. Foi meu amigo Victor Drumont que me ensinou. Fiz pequenas alterações. Espero que gostem.

INGREDIENTES

- ✓ 1 frango defumado inteiro
- ✓ 1 limão-siciliano
- ✓ 4 ramos de tomilho
- ✓ 1 cenoura média ralada na parte fina do ralador
- ✓ 80 g de uva-passa branca
- ✓ 1 cebola ralada
- ✓ 1 colher de sobremesa de manteiga
- ✓ 2 colheres de sopa de maionese
- ✓ 50 ml de cachaça
- ✓ Hortelã fresca a gosto picada grosseiramente
- ✓ Batata palha extrafina a gosto
- ✓ Sal e azeite extravirgem a gosto

MODO DE PREPARO

1. Perfure o limão várias vezes com um garfo de duas pontas ou com um espeto e o coloque dentro da cavidade do frango junto dos galhos de tomilho. Costure o frango e o coloque em uma assadeira.
2. Tempere o frango com a cebola ralada, a manteiga e sal a gosto. Leve ao forno preaquecido a 230°C por cerca de 1h30 ou até que esteja bem macio e desmanchando.
3. Deixe o frango esfriar um pouco, e então comece a desfiá-lo, pois é mais fácil quando ele ainda está quente.
4. Desfie bem grosseiramente o frango todo, sem descartar nenhuma parte. Não se preocupe. Este salpicão é rústico e fica bonito com nacos de carne de tamanhos irregulares.
5. O caldo que ficou na assadeira deve ser incorporado ao frango já desfiado.
6. Em um bowl, hidrate a uva-passa com a cachaça e uma xícara de água por no mínimo 1 hora. Escorra e reserve.
7. Em um recipiente grande, coloque o frango, a cenoura ralada, a uva-passa, a maionese, o azeite extravirgem, as folhas de hortelã, o sal e misture tudo.
8. Acrescente a batata palha apenas na hora de servir.

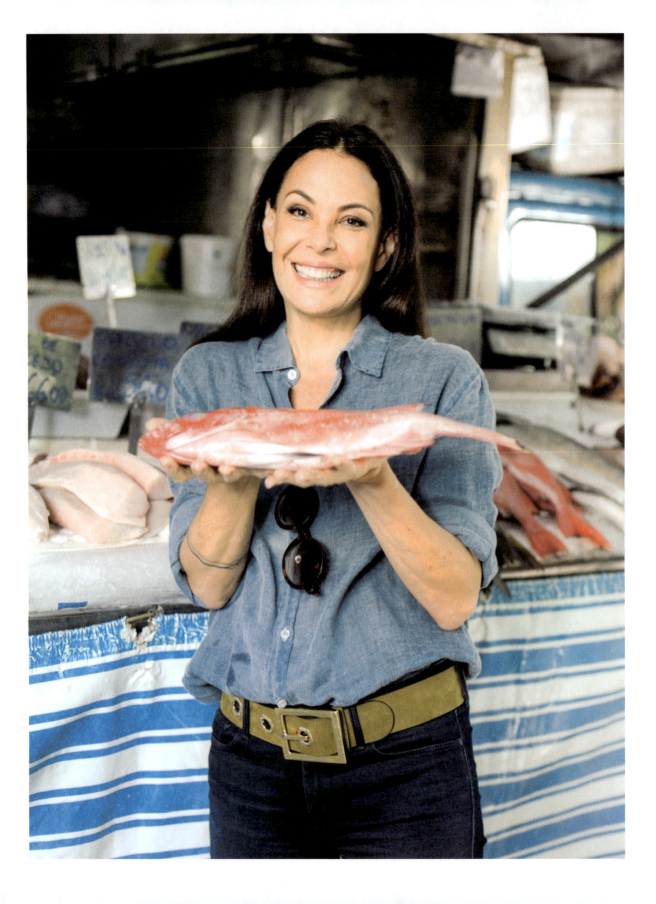

PEIXES E FRUTOS DO MAR

Camarões, bacalhau, salmão, sardinha... hum...
que delícia! Este capítulo vem com gostinho
de praia e com receitas que eu amo fazer!

Camarão do Le Troquet

Rendimento: 4 a 6 porções | **Tempo aproximado de preparo:** 45 minutos

Esta receita foi minha sogra quem me ensinou. Ela ama camarões e sabe prepará-los como ninguém. É um prato saboroso e muito bonito, perfeito para comer tanto em dias quentes quanto em dias frios. Seu molho é interessante e cremoso, ideal para servir em prato fundo com arroz de jasmim soltinho e perfumado. Você também pode preparar este mesmo prato com mostarda. Se preferir, basta não usar as pimentas-verdes e acrescentar duas colheres de sopa de mostarda Dijon à sua receita. Viu só?! Aqui a palavra final é sempre sua, eu garanto. O prato fica saboroso com pimentas-verdes ou mostarda, mas é você quem escolhe! Bom apetite!

INGREDIENTES

- ✓ 1 kg de camarões limpos de tamanho médio
- ✓ 1½ cebola picadinha
- ✓ 100 ml de caldo de frango ou de legumes (ver no capítulo Caldos e Molhos)
- ✓ 300 ml de vinho branco seco
- ✓ 250 ml de creme de leite fresco
- ✓ 1 colher de sopa de manteiga
- ✓ 1 limão-siciliano
- ✓ 1 colher de sobremesa de amido de milho (opcional)
- ✓ Pimenta-do-reino a gosto
- ✓ Sal a gosto
- ✓ Pimenta-verde em grão a gosto
- ✓ Salsa fresca picadinha a gosto

MODO DE PREPARO

1. Em uma vasilha, tempere os camarões com sal e reserve.
2. Em uma panela funda, derreta a colher de manteiga e refogue a cebola até que murche, mas sem deixá-la dourar.
3. Em seguida, acrescente a pimenta-verde. Coloque o vinho e tampe por alguns segundos. Então, tire a tampa da panela e deixe o vinho evaporar, até sair todo o álcool.
4. Acrescente o caldo de frango ou de legumes e o creme de leite. Mexa para que os sabores se incorporem e deixe levantar fervura. Reduza o fogo, mexendo sempre por 10 a 15 minutos.
5. Prove e acerte o sal e a pimenta. O molho deve reduzir bastante, ficando líquido, porém cremoso.
6. Com uma peneira fina, coe o molho e o devolva à panela. Se necessário, use uma colher de sobremesa de amido de milho para encorpar o molho. Mas cuidado. Mexa bem para não empelotar. Deixe o molho apurando no fogo baixo.

7. Esquente uma frigideira com um fio de azeite e jogue os camarões para selar a carne (esse processo deve ser muito rápido).
8. Esprema um limão-siciliano nos camarões enquanto mexe na frigideira até que todos grelhem uniformemente, o que leva cerca de 2 minutos.
9. Em seguida, adicione os camarões no molho e mexa por alguns segundos. Tampe e deixe cozinhar por 5 a 8 minutos.
10. Salpique salsa fresca picadinha e sirva imediatamente.

Camarão do Le Troquet

Pudim de haddock ao molho de gorgonzola Silvia

Rendimento: 10 porções | **Tempo aproximado de preparo:** 2 horas

A Silvia é uma cozinheira baiana de mão-cheia, que aprendeu a cozinhar ainda menina. Esse pudim que ela preparou no meu programa é tipo... espetacular!

INGREDIENTES

Para o pudim

- ✓ 1 ½ kg haddock cozido sem tempero
- ✓ 1 cebola grande
- ✓ 1 xícara de chá de azeite
- ✓ 1 lata de creme de leite
- ✓ 2 gemas
- ✓ 2 claras em neve
- ✓ 1 ½ xícara de chá de leite
- ✓ 2 ½ colheres de sopa de farinha de trigo
- ✓ Farinha de rosca

Para o molho

- ✓ 200 ml de leite
- ✓ 120g de gorgonzola

MODO DE PREPARO

Para o pudim

1. Preaqueça o forno a 180ºC e bata as claras em neve.
2. Em uma panela, aqueça o azeite e refogue a cebola até ficar douradinha. Acrescente o haddock e refogue mais um pouco.
3. Em outra panela, junte o leite e a farinha de trigo. Mexa bem até virar um creme, tomando cuidado para não empelotar.
4. Adicione esse creme ao haddock e misture para incorporar.
5. Depois, misture as gemas e o creme de leite e, por fim, incorpore delicadamente as claras em neve.
6. Unte uma forma de silicone com azeite e farinha de rosca por cima, despeje a massa de haddock e leve ao forno por 35 a 40 minutos.
7. Quando estiver pronto, desenforme ainda quente, com cuidado, e sirva com o molho de gorgonzola.

Para o molho:

Em uma panela, ferva o leite. Só então acrescente o queijo e mexa até que ele derreta e o molho fique encorpado.

Salmão ao molho oriental Regina Duarte

Rendimento: 4 porções | **Tempo aproximado de preparo:** 20 minutos

Este salmão a Regina preparou quando foi ao meu programa. A receita é fácil e fica perfeito com arroz integral doze grãos e funghi seco ou com o arroz sete grãos com amêndoas.

INGREDIENTES:

- ✔ 400 g de filé de salmão fresco
- ✔ 1 dente de alho picadinho
- ✔ 2 colheres de sopa de cebola picadinha
- ✔ 1 colher de sobremesa de gengibre picadinho
- ✔ 1 xícara de cogumelos-paris frescos em tiras
- ✔ 1 xícara de caldo de legumes (ver no capítulo Caldos e Molhos)
- ✔ 4 colheres de molho shoyu
- ✔ 2 colheres de café de óleo de soja
- ✔ 1 colher de sopa de amido de milho
- ✔ Sal e pimenta-do-reino a gosto

MODO DE PREPARO:

1. Em uma panela quente com óleo, refogue o alho, o gengibre e a cebola até começar a dourar e adicione os cogumelos, então continue refogando mais um pouco até amolecer, por 2 a 3 minutos.
2. Adicione o caldo de legumes, o shoyu e misture. Deixe cozinhando em fogo baixo por cerca de 5 minutos.
3. Adicione o amido de milho aos poucos para engrossar o caldo (mexa sempre para não empelotar).
4. Tempere o salmão com sal.
5. Em uma frigideira, grelhe o salmão por cerca de 3 minutos de cada lado.
6. Sirva com o molho oriental.

Cartoccio de salmão

Rendimento: 4 porções | **Tempo aproximado de preparo:** 1 hora

Ingredientes:

- 1 filé de salmão de cerca de 500 g sem pele
- 250 g de cream cheese
- 300 g de queijo gorgonzola
- 1 pacote de massa folhada
- 1 gema levemente batida
- Salsa picada a gosto
- Sal e pimenta-do-reino a gosto

Modo de preparo

1. Misture o cream cheese com o gorgonzola até virar uma pasta. Tempere com sal e pimenta-do-reino a gosto.
2. Abra a massa folhada em uma superfície plana, coloque o salmão no meio sem tempero.
3. Em cima do salmão, espalhe a mistura do cream cheese com gorgonzola, jogue um pouco de salsinha picada e pode colocar um fio de azeite se quiser.
4. Feche a massa como se fosse um pastel e pincele a gema batida na superfície para que fique douradinha quando levá-la ao forno.
5. Coloque em uma travessa refratária e leve ao forno quente, a 230°C, por 30 a 50 minutos, dependendo da potência do forno.
6. Depois de pronto, é só servir.

Atum assado com tomate e azeitonas verdes

Rendimento: 2 porções | **Tempo aproximado de preparo:** 1 hora

Particularmente, gosto muito do atum por sua textura e consistência, e para nossa felicidade estamos conseguindo atum de boa qualidade aqui no Brasil!

INGREDIENTES

- 3 colheres de sopa de azeite extravirgem
- 500 g de atum cortado em postas
- 1 cebola pequena picadinha
- 1 talo grande de aipo cortado em fatias fininhas
- 1 lata de tomates pelados
- 1 pitada de pimenta-calabresa
- ½ xícara de chá de azeitonas verdes sem caroço
- Sal e pimenta-do-reino moída a gosto

MODO DE PREPARO

1. Preaqueça o forno a 230°C.
2. Em uma frigideira grande, aqueça o azeite em fogo médio e coloque o atum para selar ligeiramente, por 2 a 3 minutos de cada lado. Após dourar, tempere com sal e pimenta-do-reino.
3. Utilizando uma espátula, arrume o peixe em uma assadeira grande o bastante para acomodá-lo e reserve.
4. Na mesma frigideira, refogue a cebola e o aipo em fogo médio até que fiquem transparentes, por 4 a 5 minutos.
5. Bata os tomates pelados no processador e derrame diretamente na frigideira, junte a pimenta-calabresa e misture bem. Tampe e deixe cozinhar em fogo baixo até que o molho comece a engrossar, por cerca de 20 minutos.
6. Junte as azeitonas e misture. Verifique o tempero e ajuste ao seu gosto, se necessário.
7. Regue o peixe com o molho. Cubra a assadeira com papel-alumínio e coloque no centro do forno para assar por cerca de 30 minutos.
8. Leve diretamente à mesa e sirva.

Bacalhau gratinado Alex Lerner

Rendimento: 4 porções | **Tempo aproximado de preparo:** 1h30 minutos

Certo dia, liguei para o Alex pedindo uma receita rápida e fácil de bacalhau. Ele foi de uma eficiência enorme. Me deu essa receita dizendo: "Aqui em casa faço sempre. Todo mundo gosta. Fica bonito e pronto em dois minutos". Valeu, Alex!

INGREDIENTES

- ✓ 1 kg de lombo de bacalhau desfiado, dessalgado e pré-cozido
- ✓ 2 cebolas grandes e bem picadinhas
- ✓ 2 xícaras de chá de azeite extravirgem
- ✓ 4 batatas grandes cozidas e sem sal
- ✓ 1 copo de requeijão light
- ✓ 2 claras em neve
- ✓ Queijo parmesão fresco e ralado a gosto

MODO DE PREPARO

1. Refogue a cebola no azeite e misture o bacalhau desfiado.
2. Esprema a batata ainda quente, misture com o requeijão e bata na batedeira. Se necessário, acrescente um pouquinho de leite para facilitar a mistura.
3. Incorpore esse purê ao bacalhau delicadamente e acerte o tempero.
4. Com uma colher, misture delicadamente as claras em neve.
5. Em um refratário untado, coloque o creme de bacalhau e polvilhe com o queijo parmesão fresco.
6. Deixe gratinando por aproximadamente 35 minutos ou até que esteja douradinho. Bom apetite!

Bacalhau gratinado à la Alex Lerner

Bacalhau assado com limão

Rendimento: 4 porções | **Tempo aproximado de preparo:** 45 minutos

Eu carinhosamente chamo essa receita de "uma milanesa diferente". Fica uma delícia!

INGREDIENTES

- ✔ 3 colheres de sopa de suco de limão-siciliano
- ✔ 3 colheres de sopa de manteiga derretida
- ✔ ½ xícara de farinha de trigo
- ✔ ½ colher de chá de páprica picante
- ✔ 1 de colher de chá de *lemon pepper*
- ✔ 4 postas de lombo de bacalhau dessalgadas e pré-cozidas
- ✔ 2 colheres de chá de raspas de limão
- ✔ Salsinha picada a gosto
- ✔ Sal e pimenta-do-reino a gosto

MODO DE PREPARO

1. Preaqueça o forno a 200°C.
2. Em um bowl fundo, misture a manteiga derretida com o suco de limão.
3. Em outro bowl, misture a farinha com o sal, a páprica picante, o *lemon pepper* e a pimenta-do-reino, acrescente as raspas do limão e a salsinha.
4. Mergulhe as postas primeiro na mistura líquida e depois na mistura seca, como se fosse fazer uma receita à milanesa).
5. Em seguida, distribua as postas na assadeira untada com azeite e leve ao forno.
6. Asse por 25 a 30 minutos ou até que esteja bem douradinho.
7. Sirva com a salsinha picada e raspas do limão por cima para decorar.

Atum Crunch

Rendimento: 2 porções | **Tempo aproximado de preparo:** 20 minutos

Ingredientes

- Um pedaço de atum fresco (cerca de 500 g)
- 50 g de gergelim-preto torrado
- 50 g de gergelim-branco torrado
- Pimenta-do-reino a gosto
- Sal grosso a gosto
- Alecrim fresco picado a gosto
- Azeite extravirgem a gosto

Modo de preparo

1. Em uma travessa grande, misture o sal, a pimenta, o alecrim e os dois tipos de gergelim.
2. Unte o atum com o azeite e passe-o pela mistura. Reserve.
3. Comprima o atum com as mãos para aumentar a aderência da mistura. É natural que um pouco do sal ou do gergelim se solte na frigideira, mas, ao comprimi-lo, reduzimos a chance de isso acontecer.
4. Esquente uma frigideira grande com um pouco de azeite. Quando ela estiver bem quente, doure o atum por 3 a 4 minutos de cada lado, virando-o apenas uma vez.
5. Pronto! É só servir!

Torta de siri

Rendimento: 5 porções | **Tempo aproximado de preparo:** 45 minutos

INGREDIENTES

- ✔ 1 kg de carne de siri-catado
- ✔ Suco de 1 limão
- ✔ 1 folha de louro
- ✔ 2 dentes de alho amassados
- ✔ 1 pimenta-dedo-de-moça picadinha e sem sementes
- ✔ 2 tomates grandes sem pele e sem semente cortados à julienne
- ✔ 2 cebolas grandes bem picadinhas
- ✔ 4 gemas
- ✔ 4 claras batidas em neve
- ✔ 2 colheres de sopa de molho de tomate
- ✔ 1 lata de creme de leite light
- ✔ ½ xícara de azeite extravirgem
- ✔ Sal e pimenta-do-reino a gosto
- ✔ Cheiro-verde picadinho a gosto

MODO DE PREPARO

1. Tempere a carne do siri com o limão, o sal e a pimenta. Reserve.
2. Refogue a cebola picada no azeite com um pouco do cheiro-verde, o tomate, o alho e a folha de louro.
3. Acrescente o siri e o molho de tomate. Refogue por mais 2 ou 3 minutos.
4. Em fogo baixo, vá adicionando aos poucos o creme de leite por 3 a 5 minutos.
5. Prove e acerte o sal e a pimenta.
6. Desligue o fogo e misture as gemas rapidamente para não cozinharem.
7. Deixe esfriar por 10 minutos e adicione delicadamente as claras batidas em neve.
8. Em um refratário untado com azeite e farinha de rosca, despeje a mistura.
9. Leve ao forno a 230ºC, até dourar, por cerca de 35 minutos.
10. Desenforme e, se desejar, polvilhe mais salsa picada por cima para decorar.

Sardinha frita ao molho Santorini

Rendimento: 6 porções | **Tempo aproximado de preparo:** 20 minutos

Tenho uma teoria de que tudo frito é mais gostoso, e a sardinha não podia ser uma exceção. São saborosas, saudáveis e lindas. Esta receita é o aperitivo perfeito. É tiro certo, basta servi-la e você verá o milagre do desaparecimento acontecer na sua frente.

INGREDIENTES

- ✔ 12 sardinhas limpas
- ✔ Farinha de trigo para empanar
- ✔ Sal e pimenta-do-reino a gosto
- ✔ Azeite extravirgem ou óleo para fritar

Molho Santorini

- ✔ 6 colheres de sopa de azeite extravirgem
- ✔ ½ cebola-roxa bem picadinha
- ✔ 1 dente de alho picadinho
- ✔ 60 ml de vinho branco doce
- ✔ 70 g de alcaparras
- ✔ 2 tomates bem picadinhos sem semente
- ✔ 1 folha de louro fresca
- ✔ Sal e pimenta-do-reino a gosto

MODO DE PREPARO

Para o molho

1. Em uma panela, aqueça um pouco de azeite e refogue a cebola e o alho, cozinhando por cerca de 5 minutos.
2. Adicione o vinho, as alcaparras, os tomates e as folhas de louro e tempere com sal e pimenta.
3. Cozinhe, mexendo de vez em quando, até engrossar.

Para a sardinha

1. Passe as sardinhas na farinha de trigo temperada com sal e pimenta, batendo para tirar o excesso.
2. Frite no azeite ou óleo quente por cerca de 3 minutos de cada lado.
3. Transfira para um prato com papel-toalha para tirar o excesso do óleo.
4. Sirva bem quente com o molho Santorini à parte.

Bobó de camarão

Rendimento: 5 porções | **Tempo aproximado de preparo:** 50 minutos

INGREDIENTES

- ✓ 1 kg de camarão médio limpo
- ✓ 500 g de purê de mandioca
- ✓ 500 ml de leite de coco
- ✓ 2 cebolas
- ✓ 3 tomates sem pele e sem sementes cortados à julienne
- ✓ 3 colheres de sopa de azeite extravirgem
- ✓ 1 dente de alho picado
- ✓ 1 colher de sopa de suco de limão
- ✓ 1 colher de sopa de semente de coentro moída
- ✓ ½ xícara de coentro fresco
- ✓ ½ xícara de azeite de dendê
- ✓ 1 colher de chá de páprica doce
- ✓ Sal e pimenta-do-reino-branca a gosto

MODO DE PREPARO

1. Tempere o camarão com sal, pimenta, páprica, a semente de coentro moída, o coentro fresco e limão. Reserve.
2. Em uma frigideira grande, refogue a cebola com o tomate sem pele e o alho por 5 a 8 minutos.
3. Adicione o camarão para dar um gostinho ao refogado e deixe apurar rapidamente, por 2 a 3 minutos. Retire o camarão.
4. Então acrescente o purê de mandioca e o leite de coco no caldo do camarão e bata no liquidificador.
5. Coe e volte para a panela com o camarão, tempere com o dendê e os outros temperos e deixe ferver por 3 a 5 minutos.
6. Sirva em seguida.

Bobó de camarão

Hambúrguer de salmão

Rendimento: 4 porções | **Tempo aproximado de preparo:** 25 minutos

Esta receita é fácil e prática. Eu, por exemplo, gosto de comer o meu hambúrguer de salmão acompanhado de uma salada de tomates e ovos poché. Não preciso de mais nada! Minha filha mais velha, por sua vez, já gosta de comê-los com pão. Ou seja, aproveite a receita e a saboreie com o acompanhamento que preferir. Bom apetite!

INGREDIENTES

- ✓ 1 kg de salmão fresco sem pele
- ✓ 1 colher de sopa de mostarda Dijon
- ✓ 1 maço de cebolinha picada
- ✓ 1 pão de hambúrguer sem gergelim ou duas fatias de pão de forma
- ✓ Cebola a gosto
- ✓ Azeite a gosto
- ✓ Sal e pimenta-do-reino a gosto

MODO DE PREPARO

1. Processe o pão até que ele fique bem moído.
2. Corte o salmão em cubos pequenos.
3. Adicione a mostarda, a cebolinha, o sal, a pimenta, a cebola e o pão moído e misture bem, com as mãos mesmo, até que dê liga para formar o hambúrguer.
4. Molde os hambúrgueres e grelhe em uma chapa ou frigideira, untada com azeite.
5. Grelhe por aproximadamente 3 minutos de cada lado e, *voilà*! Seu hambúrguer está pronto!

DICA:

Se preferir, você também pode salpicar gergelim-preto sobre os hambúrgueres, distribuí-los em uma assadeira com um fio de azeite e levá-los ao forno. Além de ser mais saudável, eles vão ficar prontos ao mesmo tempo.

Rolinhos thai com legumes e camarão

Rendimento: 4 porções | **Tempo aproximado de preparo:** 15 minutos

Este rolinho thai é delicioso, leve e muito saboroso. Quando o preparei pela primeira vez, foi um verdadeiro desastre, consegui rasgar inúmeras vezes as folhas de arroz, mas logo entendi que minha pressa estava sendo a inimiga. Então relaxei e finalmente fui bem-sucedida. Mas não pensem que é assim complicado. Tenho amigas que se deram bem já na primeira vez. Ele é versátil e pode ser feito só com legumes, cogumelos, ou camarão. Não coloque nenhum tempero. O molho thai picante que acompanha esse rolinho é sensacional! Tenho certeza de que você vai gostar.

INGREDIENTES

Para o rolinho

- 8 camarões médios limpos e sem casca
- 4 folhas de arroz para rolinhos
- 1 cenoura grande cortada à julienne bem fininha
- ¼ de repolho-roxo cortado à julienne bem fininho
- ½ cebola-roxa cortada à julienne bem fininha
- ½ maço de hortelã

Para o molho thai

- 2 colheres de sopa de molho de peixe
- 1 colher de sopa de molho de ostra
- Suco de ½ limão-taiti
- ½ pimenta-dedo-de-moça sem sementes
- 1 colher de chá de gengibre ralado

MODO DE PREPARO

Para o rolinho

1. Hidrate a folha de arroz com água em temperatura ambiente até que ela fique maleável. Cuidado, elas são muito delicadas.
2. Branqueie os camarões com água bem quente e reserve. Coloque os camarões em um escorredor e jogue água fervente neles e, pronto, está branqueado o seu camarão.
3. Coloque os legumes no início da folha em camadas, primeiro a cenoura, depois o repolho, a cebola, a hortelã e, por último, dois camarões.
4. Enrole e feche bem, formando um rolinho (como o rolinho primavera). Se preferir, pode colocar o recheio no centro da folha e enrolar como se fizesse uma trouxinha.

Para o molho

Misture tudo em um bowl e pronto.

DICA:

Tente fazer o molho thai pelo menos 20 minutos antes de servir os rolinhos, pois os ingredientes terão mais tempo de se incorporar e o molho vai ficar mais intenso e saboroso.

Camarões no sal grosso

Rendimento: 4 porções | **Tempo aproximado de preparo:** 2h20 minutos

Esta é uma das maneiras mais fáceis e saborosas de se fazer camarão.
Espero que goste tanto quanto eu.

INGREDIENTES

- ✔ 16 camarões VG com casca e sem cabeça
- ✔ 2 colheres de sopa de azeite
- ✔ Sal grosso suficiente para forrar uma assadeira
- ✔ Tomilho fresco a gosto

MODO DE PREPARO

1. Lave os camarões em água corrente e seque-os.
2. Em uma tigela funda, incorpore o azeite e o tomilho aos camarões.
3. Deixe na geladeira por no mínimo por 2 horas, retire somente na hora de usá-los.
4. Deixe o forno preaquecido a 250ºC.
5. Espalhe o sal grosso na assadeira até forrar todo o fundo, arrume os camarões por cima.
6. Coloque alguns ramos de tomilho na assadeira para perfumar.
7. Leve ao forno, deixe por 2 ou 3 minutos e vire os camarões, mantendo-os no forno por mais 2 ou 3 minutos.

Camarões no sal grosso

Lobster roll André Lima de Luca

Rendimento: 4 porções | **Tempo aproximado de preparo:** 35 minutos

Este é meu sanduíche favorito! Impossível chegar a qualquer lugar do mundo onde exista lobster roll no cardápio e não me jogar, ansiosa, para provar a versão local. Já provei vários em diversos lugares, mas esta receita do chef André Lima de Luca é uma das mais saborosas que já experimentei até hoje. Ele não é nada bobo, sabe muito bem o que faz, e conseguiu uma combinação perfeita de sabores. Se você é tão fã desse sanduíche como eu, vai adorar essa receita.

INGREDIENTES

- ✓ 3 caudas de lagosta
- ✓ 5 colheres de sopa de maionese
- ✓ 2 colheres de sopa de cebolinha picadinha
- ✓ 3 colheres de sopa de salsão fatiado bem fininho
- ✓ 1 punhado de salsão com as folhas inteiras
- ✓ 1 punhado de alho-poró
- ✓ ½ cenoura
- ✓ 60 ml de vinho branco
- ✓ Raspas de meio limão-siciliano
- ✓ 1 colher de chá de suco de limão-siciliano
- ✓ 3 rodelas de limão-siciliano
- ✓ 1 tablete de manteiga em temperatura ambiente
- ✓ 4 pães de cachorro-quente
- ✓ Sal e pimenta-do-reino a gosto

MODO DE PREPARO

1. Ferva a água com um punhado de salsão, as rodelas de limão, alho-poró, o vinho branco, a cenoura, a pimenta-do-reino em grãos. Quando levantar fervura, acrescente o sal e coloque as lagostas por 6 a 8 minutos, ou até que a casca fique com uma cor bem vermelha. Geralmente a conta é 1 minuto de cozimento para cada 30 g de lagosta.

2. Retire as lagostas da panela, espere esfriar um pouco antes de abrir a casca e cortá-las em pedaços pequenos.

3. Em uma vasilha, acrescente um pouco de manteiga, sal e pimenta sobre a carne da lagosta e misture.

4. Misture o suco de limão à maionese e acrescente à lagosta, em seguida adicione o salsão picadinho e mexa bem. Prove e, se achar necessário, acrescente mais um pouco de suco de limão.

5. Em uma frigideira, derreta um pouco de manteiga e toste os dois lados dos pães até que fiquem bem douradinhos.

6. Corte os pães (ainda quentes) ao meio e os recheie com a lagosta. Salpique com a cebolinha e raspas de limão-siciliano.

Bacalhau da Zuma

Rendimento: 8 a 10 porções | **Tempo aproximado de preparo:** 1 hora

INGREDIENTES

Para o bacalhau
- ✔ 2 kg de lombo de bacalhau dessalgado e pré-cozido
- ✔ 1 ½ kg de batatas-inglesas cozidas inteiras sem a casca
- ✔ 1 kg de tomates bem maduros fatiados
- ✔ 1 maço de brócolis-americano cozido
- ✔ 5 cebolas-roxas cortadas em 4 pedaços, assadas com manteiga
- ✔ 1 kg de cenouras cozidas cortadas à julienne
- ✔ Ramos de alecrim a gosto
- ✔ 2 colheres de sopa de manteiga para as cebolas
- ✔ Sal e pimenta-do-reino a gosto

Para molho
- ✔ 150 ml de azeite extravirgem
- ✔ ¼ de maço de hortelã picadinha
- ✔ ¼ de maço de cheiro-verde picadinho
- ✔ Suco de ½ tangerina
- ✔ Sal e pimenta-do-reino a gosto

MODO DE PREPARO

Para o bacalhau

1. Termine de cozinhar o bacalhau, despedace-o em nacos grandes e reserve.
2. Em uma travessa grande, disponha todos os legumes preparados. Coloque as batatas, a cenoura, o brócolis, as cebolas e os tomates.
3. Aproveite a combinação das cores e faça um prato bem bonito, lembre-se de deixar um espaço para o bacalhau.
4. Coloque o bacalhau por último na travessa, regue tudo com um fio de azeite e está pronto. Este é um prato para se comer frio.
5. Você pode decorar com algumas flores comestíveis se quiser. Fica incrivelmente colorido e bonito. Sirva com o molho de hortelã e cheiro-verde à parte.

Para o molho

Misture todos os ingredientes, acerte o sal e está pronto.

Cuscuz paulista de camarão

Rendimento: 8 a 10 porções | **Tempo aproximado de preparo:** 40 minutos

INGREDIENTES

- ✔ 1 kg de camarão-cinza, tamanho médio e limpo
- ✔ 1 cebola grande picadinha (à *brunoise*)
- ✔ 4 dentes de alho amassados
- ✔ 1 ½ litro de caldo de galinha (ver no capítulo Caldos e Molhos)
- ✔ 1 lata de atum sólido (no óleo)
- ✔ 1 vidro de palmito picado irregularmente
- ✔ 5 tomates sem pele e sem sementes picados
- ✔ 2 colheres de sopa de extrato de tomate
- ✔ 1 xícara de farinha de trigo
- ✔ 1 xícara de farinha de mandioca
- ✔ Salsinha, sal e pimenta-do-reino a gosto
- ✔ Azeitonas-verdes sem caroço picadas a gosto

MODO DE PREPARO

1. Em uma frigideira bem quente com um fio de azeite, salteie o camarão. Tempere com sal, limão e pimenta. Reserve.
2. Em seguida, acrescente o extrato de tomate e a salsa, e refogue por 1 ou 2 minutos. Reserve.
3. Em uma panela quente, refogue com um fio de azeite a cebola e o alho. Em seguida, acrescente o caldo de galinha e deixe ferver.
4. Acrescente o tomate, o palmito, a azeitona e misture. Se quiser, acrescente mais salsinha.
5. Quando o caldo reduzir à metade, coloque o camarão e misture bem.
6. Deixe a mistura ferver, abaixe o fogo e adicione as farinhas de trigo e de mandioca, mexendo sempre até que todos os ingredientes estejam bem incorporados em uma massa homogênea.
7. Unte uma forma e disponha delicadamente o cuscuz. Espere esfriar, desenforme e enfeite à vontade.

Cuscuz paulista de camarão

Bouillabaisse com chips de batata-doce

Rendimento: 8 porções | **Tempo aproximado de preparo:** 1h15 minutos

Este prato é muito bonito. É o prato perfeito para se fazer quando queremos impressionar nossos convidados. Além de não ser de difícil preparo, tem um colorido e um perfume incrível! Na minha casa, minha mãe servia bouillabaisse com uma fatia grande de pão italiano torrado em cada prato. Era uma delícia. O caldo do bouillabaisse se entranhava no pedaço de pão e o sabor ganhava uma textura diferente. Eu me lembro muito desse prato nos jantares de família. Depois, quando cresci, fiz a adaptação do chip de batata-doce. É um pouquinho mais light e esteticamente fica lindo. Você pode escolher como gosta mais.

INGREDIENTES

Para o bouillabaisse

- 1 kg de pargo cortado em nacos grandes
- 1 kg de peixe-vermelho cortado em nacos grandes
- 500 g de camarões sem casca e limpos
- 500 g de tamboril cortado em nacos grandes
- 500 g de robalo cortado em nacos grandes
- 150 ml de vinho branco
- 2 cebolas grandes cortadas em oito pedaços
- 6 colheres de sopa de azeite extravirgem (ou mais, se necessário)
- 4 tomates
- Raspas de 1 laranja
- 2 dentes de alho esmagados
- 1 g de fios de açafrão
- Sal e pimenta-do-reino a gosto
- Tomilho fresco a gosto
- Louro fresco a gosto

Para o chips de batata-doce

- 2 batatas-doces
- Óleo para fritar
- Páprica picante a gosto
- Sal a gosto

Modo de preparo

Para o bouillabaisse

1. Limpe os peixes e separe o tamboril e o camarão dos outros peixes.
2. Retire a pele dos tomates e pique em cubos.
3. Em uma panela grande bem quente, refogue a cebola no azeite e adicione o açafrão, o alho e as ervas e refogue por 4 a 5 minutos.
4. Adicione os peixes, deixando refogar por alguns minutos.
5. Acrescente os tomates e regue com o vinho. Tampe e cozinhe por 5 a 8 minutos.
6. Quando levantar fervura, adicione um pouco de água e então acrescente os camarões e o tamboril e deixe no fogo por mais cerca de 5 minutos.
7. Sirva com os chips de batata-doce ou com pão, se desejar.

Para o chips de batata-doce

1. Descasque as batatas e corte em rodelas ou fatias bem finas.
2. Aqueça o óleo em uma panela e frite os chips de batata-doce até que fiquem dourados, retire e escorra bem o óleo no papel toalha.
3. Tempere com sal e páprica picante a gosto.

Dica:

Se preparar os chips antes do bouillabaisse, frite as batatas, reserve em uma assadeira e leve ao forno já aquecido por cerca de 10 minutos para que permaneçam sequinhas e crocantes até a hora de servir.

Camarão thai da Maria

Camarão thai da Maria

Rendimento: 5 porções | **Tempo aproximado de preparo:** 45 minutos

Esta receita quem me passou foi a Maria, cozinheira de mão-cheia. Acreditem, receber uma boa receita de uma grande cozinheira é um presente eterno e merece reverência sempre. Preparei esse camarão no batizado da minha filha e que delícia foi ver todos os meus convidados "lambendo os beiços", como diria um bom mineiro.

E, como tudo o que é bom merece ser dividido, passo adiante para vocês essa receita linda que ganhei de presente.

INGREDIENTES:

- ✔ 1 kg de camarão-cinza, médio e limpo
- ✔ 500 ml de leite de coco
- ✔ 2 colheres de sopa de óleo de coco
- ✔ 1 colher de sopa de azeite extravirgem
- ✔ 1 cebola bem picada
- ✔ 2 dentes de alho bem picados
- ✔ 200 ml de iogurte natural integral
- ✔ 1 colher de sopa de curry em pó
- ✔ 1 maço de coentro fresco
- ✔ 4 ramos de capim-limão
- ✔ 2 canelas em pau
- ✔ 1 colher de sopa cheia de gengibre fresco ralado
- ✔ 1 colher de sopa de páprica picante
- ✔ Cominho a gosto
- ✔ Sal e pimenta-do-reino a gosto

MODO DE PREPARO:

1. Tempere o camarão com pimenta-do-reino, sal e 1 colher de sopa de azeite extravirgem.
2. Refogue a cebola e o alho com o óleo de coco até que estejam amolecidos (não deixe dourar).
3. Acrescente o gengibre, o leite de coco, o capim-limão, a canela em pau, o curry, a páprica, um pouco de cominho e o coentro.
4. Refogue isso tudo com um *bouquet garni* feito apenas com o talo do coentro (não utilize as folhas).
5. Adicione o iogurte, deixe reduzir o molho e coe.
6. Adicione o camarão no molho e deixe ferver rapidamente, por 3 a 4 minutos, e está pronto.

CARNES

Quem me conhece sabe que eu adoro
carnes. E temos uma variedade enorme!
Pratos mais fortes como um cozido
ou guisado, ou algo mais simples
como um hambúrguer, fazem a nossa
culinária uma das mais versáteis
– e saborosas – do mundo!

Guisado de filé mignon com trigo picante

Rendimento: 2 a 3 porções | **Tempo aproximado de preparo:** 12h30 minutos

Eu adoro guisados. Para quem não sabe, guisado também pode ser chamado de fervido ou cozido e é uma técnica culinária que consiste em cozinhar peixe ou carne usando legumes como base do refogado. Na minha memória, guisados são sempre pratos quentes e agradáveis, perfeitos para dias nublados e chuvosos. Sempre que penso neles meu coração já se aquece.

INGREDIENTES

- ✓ 200 g de trigo
- ✓ 1 cebola-roxa picada à brunoise
- ✓ 1 dente de alho esmagado
- ✓ 2 pimentas-dedo-de-moça sem semente e picadas
- ✓ 2 tomates picados sem pele
- ✓ 1 cenoura grande picada (à brunoise)
- ✓ Raspas de 1 limão-siciliano
- ✓ 200 ml de vinho branco seco
- ✓ 200 g de filé mignon cortado em cubinhos
- ✓ 1 colher de café de páprica picante
- ✓ Salsinha picada a gosto
- ✓ 400 ml de caldo de carne (ver no capítulo Caldos e Molhos)
- ✓ 3 colheres de óleo para refogar
- ✓ Sal a gosto
- ✓ Pimenta-do-reino a gosto

MODO DE PREPARO

1. Deixe o trigo de molho na água por 12 horas. (Se preferir, deixe o trigo hidratando de um dia para o outro).
2. Escorra o trigo e cozinhe em panela de pressão por aproximadamente 20 minutos.
3. Refogue a cebola, o alho e a pimenta-dedo-de-moça em uma frigideira grande até que estejam macios, mas sem dourar.
4. Acrescente a páprica, a cenoura, um punhado de salsa picada e refogue por 1 a 2 minutos.
5. Acrescente o vinho e deixe refogar por 4 a 5 minutos ou até que o álcool evapore. Acrescente os tomates e deixe secar um pouco.
6. Coloque a carne e refogue até que esteja bem dourada. Confira o tempero e acrescente as raspas do limão-siciliano e mais páprica, se quiser.
7. Acrescente o trigo e abaixe o fogo. Vá regando aos poucos todos os ingredientes na panela com o caldo de carne. Não tenha pressa, despeje por vez apenas o suficiente para o guisado ficar úmido e encorpado.
8. Coloque mais salsinha e sirva imediatamente.

DICA:

Só este prato já é uma bela refeição e nem precisa de acompanhamentos, mas, se sentir falta de algo a mais, ele fica um espetáculo com batatas assadas.

Guisado de filé mignon com trigo picante

Fraldinha grelhada

Rendimento: 4 porções | **Tempo aproximado de preparo:** 25 minutos

Receita das mais simples, mas nem por isso menos saborosa. Essa é daquelas que é tiro certo: fácil, rápida e gostosa.

INGREDIENTES

- ✔ 400 g de fraldinha
- ✔ 1 colher de sopa de mostarda Dijon
- ✔ Suco de 2 limões
- ✔ 4 colheres de sopa de shoyu
- ✔ 2 fatias de abacaxi picadas
- ✔ 1 colher de sobremesa de açúcar mascavo
- ✔ ¼ de cebola média ralada
- ✔ 2 colheres de manteiga
- ✔ Sal e pimenta-do-reino a gosto
- ✔ Flor de sal a gosto

MODO DE PREPARO

1. Em um processador ou liquidificador, bata todos os ingredientes menos a carne, a manteiga e o sal até que estejam bem misturados e homogêneos. Coe e reserve.
2. Em uma frigideira bem quente, derreta a manteiga em fogo alto e grelhe a fraldinha por cerca de 3 minutos de cada lado.
3. Retire da frigideira e, em uma tábua, despeje o molho sobre a carne. Mantenha a frigideira quente.
4. Deixe a carne descansar por 5 minutos. Não deixe de esperar, esse tempo é importante para que a umidade interna da carne se redistribua e ela fique mais macia e saborosa.
5. Devolva a fraldinha para a frigideira com o molho e deixe grelhar por 1 a 2 minutos de cada lado.
6. Corte em tiras no sentido contrário à fibra da carne, finalize com a flor de sal e sirva imediatamente.

Contrafilé ao molho de vinho tinto

Rendimento: 1 porção | **Tempo aproximado de preparo:** 30 minutos

Este não é um prato light, mas é muito saboroso, você vai ver. Esta receita ensina o preparo individual para cada peça de contrafilé, ou seja, se você tiver 5 convidados, basta multiplicar essa receita por 5.

INGREDIENTES

- ✓ 200 g de contrafilé em corte alto (cerca de dois dedos)
- ✓ 120 ml de vinho tinto seco
- ✓ 1 colher de sopa de manteiga
- ✓ 1 colher de sopa de farinha de trigo
- ✓ 2 colheres de sopa de caldo de carne (ver no capítulo Caldos e Molhos)
- ✓ ¼ de cebola-roxa picadinha
- ✓ Sal e pimenta-do-reino a gosto

MODO DE PREPARO

1. Em uma panela em fogo médio, derreta a manteiga e acrescente a farinha, mexendo sempre, sem deixar queimar. Quando estiver com a consistência de um creme homogêneo e dourado, acrescente aos poucos o caldo de carne e afine o molho. Reserve.
2. Em outra panela, cozinhe a cebola picada no vinho até reduzir o líquido pela metade.
3. Tempere com sal, pimenta e adicione ao molho reservado, mexendo sempre para não empelotar.
4. Misture bem os dois molhos e coe.
5. Grelhe o contrafilé por cerca de 2 minutos cada lado. Espalhe o molho de vinho delicadamente por cima da carne e sirva.

DICA:

Atenção: o contrafilé é uma carne que, se cozinharmos muito, fica dura e ressecada, o ideal é comê-la ao ponto para malpassada.

Lombo recheado com tomates secos e gorgonzola

Lombo recheado com tomates secos e gorgonzola

Rendimento: 6 porções | **Tempo aproximado de preparo:** 1 dia e 3 horas

INGREDIENTES

- ✓ 1 ½ kg de lombo bem limpinho
- ✓ 200 g de tomates secos picados grosseiramente
- ✓ 200 g de queijo gorgonzola (ou parmesão se preferir)
- ✓ 1 cebola ralada
- ✓ 2 talos de salsão picadinhos
- ✓ 2 dentes de alho ralados
- ✓ 2 pimentas-dedo-de-moça picadas sem semente
- ✓ Suco de 2 limões
- ✓ Suco de 1 laranja
- ✓ 200 ml de vinho branco seco
- ✓ Alecrim a gosto
- ✓ Orégano a gosto
- ✓ Sal e pimenta-do-reino a gosto

MODO DE PREPARO

1. Em um bowl, coloque a cebola, o salsão, o alho, as pimentas, os sucos e o vinho.
2. Coloque o lombo nesse caldo e deixe marinando por 24 horas na geladeira, regando de tempos em tempos.
3. Retire da geladeira e abra o lombo em manta. Não descarte a marinada, você vai utilizar para assar o lombo. Tempere a carne com sal e pimenta-do-reino a gosto.
4. Espalhe os tomates secos picados e o queijo gorgonzola. Enrole o lombo como se fosse um rocambole e amarre com barbante de cozinha (amarre bem para que o recheio não saia).
5. Coloque em uma assadeira e regue com o tempero da marinada.
6. Cubra a assadeira com papel-alumínio e leve ao forno por cerca de 2 horas a 250ºC.
7. Retire o papel-alumínio e deixe o lombo dourar por cerca de 30 minutos.
8. Sirva o lombo com o caldo da assadeira reduzido.

Ragú de ossobuco com vinho tinto

Rendimento: 6 porções | **Tempo aproximado de preparo:** 2 horas

Este prato é um dos meus preferidos, pois ele rende muito. É perfeito para saborear na hora, mas fica ainda mais gostoso no dia seguinte. Perfeito para comer com arroz branco ou com um simples pedaço de pão. Combina muito bem com massa. Experimente preparar um fusilli ou orecchiette e misturar com o seu ragu, basta acrescentar um pouco de parmesão ralado e estará pronta uma das massas mais gostosas que conheço.

INGREDIENTES

- 6 postas grandes de ossobuco
- 4 talos de salsão picados grosseiramente
- 2 cenouras grandes cortadas ao meio e fatiadas finamente
- 1 berinjela descascada cortada em cubos pequenos (com semente)
- 500 ml de vinho tinto seco
- 1 lata de molho de tomates pelados
- 1 abobrinha com casca cortada em cubos pequenos
- 3 dentes de alho picadinhos
- 6 galhos de tomilho fresco
- 1 cebola média picadinha
- 2 pimentas-dedo-de-moça picadas sem semente
- 1 colher de chá de cominho em pó
- 250 ml de caldo de carne (ver no capítulo Caldos e Molhos)
- 3 folhas de louro
- 2 colheres de sopa de manteiga
- Sal e pimenta-do-reino

MODO DE PREPARO

1. Em uma panela grande que possa ir ao forno, derreta a manteiga e refogue em fogo médio o alho, a cebola e o salsão até que estejam macios e levemente dourados.
2. Acrescente a pimenta-dedo-de moça, as folhas de louro e o tomilho e refogue por 2 a 3 minutos sem deixar queimar.
3. Acrescente então a cenoura, a berinjela, a abobrinha e refogue por 8 a 10 minutos.
4. Sempre em fogo médio, acrescente as postas de ossobuco e refogue até que estejam bem douradas, por 15 a 20 minutos. Se necessário, regue com um fio de azeite.
5. Processe o molho de tomates pelados, ou bata no liquidificador, e acrescente à panela do ossobuco juntamente com o caldo de carne. Deixe cozinhar por 25 a 30 minutos, até que todos os legumes e a carne estejam bem macios.

6. Então acrescente o vinho tinto, mexa bem, deixe ferver por 2 a 3 minutos e desligue o fogo.

7. Coloque a panela tampada no forno preaquecido a 230ºC e deixe cozinhar por no mínimo 1 hora.

8. Tire a panela do forno, destampe e certifique-se de que ainda há caldo suficiente. Para saber se o seu ragú está pronto é necessário que a carne esteja se desmanchando de tão macia e se soltando dos ossos. Os legumes estarão tão cozidos que formarão um molho denso, macio e consistente.

9. Acerte o tempero e sirva bem quente.

Hambúrguer

Rendimento: 6 porções | **Tempo aproximado de preparo:** 40 minutos

INGREDIENTES

- ✔ 400 g de peito bovino moído
- ✔ 400 g de fraldinha moída
- ✔ 1 dente de alho picadinho
- ✔ ½ colher de chá de alho em pó (opcional)
- ✔ 1 cebola média ralada
- ✔ 1 ovo
- ✔ 1 colher de sobremesa de mostarda Dijon
- ✔ 6 pães de hambúrguer
- ✔ Sal e pimenta-do-reino a gosto

MODO DE PREPARO

1. Junte as duas carnes e tempere com sal, a pimenta-do-reino, o alho, a cebola, o alho em pó e a mostarda. Misture bem.

2. Prove e veja se é necessário ajustar algum tempero. Adicione o ovo e misture mais, até dar liga.

3. Molde os hambúrgueres com as mãos, tomando cuidado para não apertar demais a carne.

4. Unte a chapa ou uma frigideira com um pouco de óleo para grelhar os hambúrgueres, por 2 a 3 minutos de cada lado.

5. Se preferir um cheeseburger, basta colocar a fatia do queijo escolhido sobre o hambúrguer e abafar com uma tampa.

6. Em uma frigideira, doure os pães de hambúrguer cortados ao meio até que fiquem dourados e crocantes.

7. Monte os hambúrgueres e sirva em seguida.

DICA:

Eu dei uma receita básica, mas o hambúrguer é um sanduíche superversátil. Use a criatividade e monte o seu de acordo com suas preferências.

Lombo assado com mostarda

Lombo assado com mostarda

Rendimento: 6 porções | **Tempo aproximado de preparo:** 1 dia e 3h30 minutos

INGREDIENTES

- ✓ 1 ½ kg de lombo
- ✓ 7 cebolas (1 ralada e 6 cortadas em 4 pedaços)
- ✓ 2 dentes de alho ralados
- ✓ 3 colheres de sopa de mostarda americana
- ✓ Suco de 1 laranja
- ✓ Suco de 2 limões
- ✓ 200 ml de vinho branco seco
- ✓ 4 colheres de sopa de manteiga
- ✓ Alecrim a gosto
- ✓ Sal e pimenta-do-reino a gosto

MODO DE PREPARO

1. Em um bowl, coloque a cebola ralada, o alho, o alecrim, os sucos do limão e da laranja, o vinho, a mostarda, sal e a pimenta-do-reino.
2. Coloque o lombo nessa mistura e deixe marinando na geladeira por 24 horas.
3. Retire da geladeira e transfira o lombo para uma assadeira, regando com o tempero da marinada.
4. Adicione as 6 cebolas cortadas em quatro e espalhe a manteiga por cima do lombo.
5. Cubra com papel-alumínio e leve ao forno a 250ºC por 2 horas.
6. Retire o papel-alumínio e deixe o lombo dourar por aproximadamente 30 minutos. Então retire o lombo do forno e reserve.
7. Leve a assadeira ao fogão e acrescente um copo de água.
8. Deixe o caldo do cozimento glacear e reduzir por 5 a 8 minutos.
9. Sirva o lombo acompanhado do molho da assadeira reduzido.

Filé à Wellington

Rendimento: 6 porções | **Tempo aproximado de preparo:** 2 horas

Esta é uma receita antiga, daquelas que nossas avós preparavam em ocasiões importantes. Me lembro de que, quando era criança, sempre que comia este prato me sentia importante. É um prato realmente digno de celebrações. A carne fica rosada por dentro, perfeita com lentilhas de Puy refogadas e bem sequinhas. A travessa ficará linda. Quem me passou essa receita foi a minha avó. Espero que gostem!

INGREDIENTES

- 750 g de filé mignon
- 500 g de massa folhada
- 8 fatias de presunto de Parma
- 2 colheres de sopa de azeite
- 2 colheres de sopa de mostarda inglesa
- 2 gemas de ovos batidas
- Farinha de trigo para polvilhar
- Sal e pimenta-do-reino a gosto

Para o molho

- 400 g de cogumelos shitake picados grosseiramente em tiras de 1 dedo
- 1 cebola pequena
- 4 talos de salsão picadinhos
- 1 dente de alho pequeno picadinho
- 1 galho de tomilho
- Raspas da casca de 1 limão-siciliano
- 150 ml de caldo de carne, ou mais se necessário (ver no capítulo Caldos e Molhos)
- Sal e pimenta-do-reino a gosto

Modo de preparo

1. Em um processador, bata os cogumelos com a cebola, o salsão, o alho e tomilho até obter uma pasta grossa.
2. Transfira a mistura para uma panela e cozinhe por 8 a 10 minutos, mexendo sempre para evaporar a umidade dos cogumelos. Deixe esfriar.
3. Em uma frigideira, tempere a carne e sele-a por cerca de 1 minuto de todos os lados.
4. Retire a carne do fogo, espere esfriar completamente e espalhe a mostarda nela. Em seguida, espalhe a pasta de shitake.
5. Em uma superfície com espaço suficiente, abra um plástico-filme ou papel-alumínio e distribua as fatias de presunto, de modo que fiquem bem juntinhas.
6. Coloque a carne sobre o presunto e, levantando uma das extremidades do papel-filme ou alumínio, vá enrolando o filé no presunto, como se fosse um rocambole, formando um rolo. Reserve.
7. Abra a massa folhada em uma superfície enfarinhada, formando um retângulo.
8. Coloque a carne "encapada" pelo presunto no meio da massa e pincele as bordas com as gemas.
9. Enrole a carne na massa, deixando as bordas para baixo da assadeira.
10. Pincele a massa com o restante da gema e leve à geladeira por 15 minutos.
11. Aqueça o forno a 200°C.
12. Retire a massa da geladeira e faça leves fissuras na massa a cada 1 cm, pincelando novamente com a gema.
13. Asse a 200°C por 30 a 35 minutos.
14. Abaixe a temperatura para 180°C e asse por mais 15 a 20 minutos.
15. Deixe descansar por 15 minutos antes de servir.

Dica:

Você também pode inverter a ordem de preparo da pasta de shitake e refogar todos os ingredientes primeiro e então bater no processador.

Feijoada de favas verdes ao limão com linguiça calabresa

Rendimento: 6 porções | **Tempo aproximado de preparo:** 2 horas

Este prato, embora demorado (quanto mais lentamente você cozinhar, mais saboroso ficará), é saborosíssimo. Gosto de comê-lo quentinho com um simples pedaço de pão. A combinação é perfeita, mas ele também é delicioso no dia seguinte. É incrível, parece que todos os sabores se apuram e a feijoada fica ainda mais gostosa.

INGREDIENTES

- 500 g de favas-verdes congeladas
- 250 g de linguiça calabresa fatiada
- 250 g de linguiça de porco defumada fina fatiada
- 1 cebola grande cortada em gomos
- 2 dentes de alho picados
- Suco de 4 limões
- 2 litros de caldo de legumes (ver no capítulo Caldos e Molhos)
- Azeite extravirgem a gosto
- Sal e pimenta-do-reino a gosto

MODO DE PREPARO

1. Em uma panela, refogue a cebola com o azeite por 4 ou 5 minutos sem deixar que ela doure.
2. Em fogo médio, adicione as linguiças e refogue bem, deixando elas soltarem sua gordura e ficarem bem douradas.
3. Coloque as favas e o suco de limão na panela e refogue por mais alguns minutos.
4. Junte o caldo de legumes e deixe ferver em uma panela semitampada por 1 hora e meia, sempre em fogo médio.
5. Quando o caldo reduzir um pouco e todos os ingredientes estiverem cozidos, sua feijoada estará pronta.

Feijoada de favas verdes ao limão com linguiça calabresa

Cozido

Rendimento: 6 porções | **Tempo aproximado de preparo:** 1 hora

INGREDIENTES

- ✔ 2 batatas-inglesas grandes
- ✔ 2 batatas-doces
- ✔ 2 pedaços médios de mandioca
- ✔ 2 cenouras grandes
- ✔ 2 chuchus
- ✔ ½ abóbora-japonesa
- ✔ ½ repolho-roxo cortado ao meio
- ✔ 2 espigas de milho
- ✔ 3 tomates
- ✔ 300 g de bacon
- ✔ 500 g de paio
- ✔ 500 g de alcatra
- ✔ 1 cebola-branca grande
- ✔ 1 cebola-roxa grande
- ✔ 2 folhas de louro
- ✔ 8 ramos de tomilho
- ✔ 3 dentes de alho
- ✔ Sal e pimenta-do-reino a gosto
- ✔ 1 litro de caldo de carne (ver no capítulo Caldos e Molhos)

MODO DE PREPARO

1. Descasque e lave todos os legumes e corte em cubos grandes e similares. Pique também o paio e a alcatra em cubos. Reserve.
2. Em uma panela grande sem óleo, refogue o bacon até que ele solte toda a gordura e fique bem crocante.
3. Retire os pedaços de bacon e reserve. Então, refogue o paio, o louro e o tomilho na gordura do bacon até que o paio esteja dourado.
4. Acrescente a alcatra e sele a carne até que esteja bem tostadinha.
5. Acrescente as cebolas picadas, alho e os tomates. Tampe a panela e deixe ferver por cerca de 10 minutos.
6. Adicione as batatas, a mandioca, a cenoura, o milho e a abóbora. Acrescente o caldo de carne e deixe cozinhar por 30 minutos em fogo médio.
7. Acrescente o chuchu e o repolho e deixe cozinhar por cerca de mais 20 minutos sempre em fogo médio. Quando os legumes estiverem cozidos, abaixe o fogo, acerte o sal e a pimenta ao seu gosto.
8. Em um pilão, triture o bacon e salpique por cima do cozido antes de servir.

DICA:

Se você quiser arrasar nessa receita, acrescente 100 ml de vinho tinto depois que dourar as carnes. Vai ficar sensacional.

Lasanha de abobrinha Hugo Gloss

Rendimento: 6 porções | **Tempo aproximado de preparo:** 1h15 minutos

INGREDIENTES

- 2 ou 3 abobrinhas médias cortadas longitudinalmente no ralador
- 200 g de peito de peru light
- 200 g de queijo muçarela light
- 200 g de cream cheese light
- Parmesão ralado a gosto

Para o molho à bolonhesa

- 800 g de tomates frescos (ou se preferir faça a Tomatada; ver no capítulo Caldos e Molhos)
- 500 g de carne magra moída
- 2 dentes de alho
- Meia cebola picada
- 1 pitada bem pequena de noz-moscada
- 1 pitada de açúcar se quiser quebrar acidez do tomate
- 2 colheres de sopa de salsinha picada
- 1 colher de sopa de óleo para refogar
- 1 colher de sopa de extrato de tomate
- Louro fresco a gosto
- Pimenta-do-reino a gosto
- Sal e cheiro-verde a gosto

MODO DE PREPARO

1. Refogue o alho e a cebola até dourar. Acrescente o louro, em seguida o tomate picado e a salsinha.
2. Refogue a carne no azeite em outra panela. Tempere com sal e pimenta.
3. Processe o tomate refogado até virar uma pasta e então despeje sobre a carne e deixe cozinhar por alguns minutos.
4. Adicione o extrato de tomate e em seguida o cheiro-verde. Deixe seu molho refogando para que os sabores se misturem e ele se reduza, ficando mais encorpado.
5. Para montar a lasanha, coloque uma camada de molho no fundo da travessa, depois a abobrinha, o peito de peru, o queijo, o cream cheese e assim por diante. Repita esta operação até estar com a travessa cheia.
6. Finalize polvilhando o queijo parmesão ralado por cima e leve ao fogo por 30 minutos ou até gratinar.

Costelinha com molho barbecue
André Lima de Luca

Rendimento: 4 porções | **Tempo aproximado de preparo:** 4 horas

INGREDIENTES

- ✔ 2 costelinhas suínas (aproximadamente 850 g cada)
- ✔ 1 colher de chá de manteiga sem sal
- ✔ 2 colheres de chá de mel
- ✔ 1 pitada de açúcar mascavo
- ✔ 1 pitada de pimenta-caiena
- ✔ 1 pitada de sal

Para o tempero seco (*rub* para aves e suínos)

- ✔ 2 colheres de sopa de açúcar cristal
- ✔ 3 colheres de sopa de sal
- ✔ 2 colheres de sopa de cebola em pó
- ✔ 1 ½ colher de sopa de alho em pó
- ✔ 2 colheres de sopa de páprica doce (use a picante se preferir)
- ✔ 1 ½ colher de sopa de mostarda em pó
- ✔ ½ colher de café de cominho em pó

MODO DE PREPARO

1. Preaqueça o forno a 120°C.
2. Misture bem todos os ingredientes do tempero seco.
3. Retire o excesso de gordura da costelinha.
4. Com o auxílio de um pano, retire a membrana que fica sobre os ossos da costelinha.
5. Espalhe uma generosa camada do tempero seco por todas as costelinhas e espere 10 minutos antes de levar ao forno.
6. Coloque as costelinhas no forno, com os ossos voltados para baixo, direto sobre a grade do forno. Na grade de baixo, coloque uma assadeira com água quente. Além do vapor ajudar no cozimento e não deixar a carne ressecar, a assadeira também vai evitar que as costelinhas fiquem diretamente expostas ao fogo.
7. Cozinhe por 2h15 ou até que as costelinhas estejam macias quando espetadas com um palito de dente.
8. Abra um pedaço de papel-alumínio e besunte com manteiga. Por cima da manteiga, coloque o mel e polvilhe com o açúcar mascavo, sal e pimenta-caiena (se quiser mais picante).
9. Coloque a costelinha com a carne voltada para baixo, em contato direto com o alumínio já besuntado com os temperos, e embale. Para não correr risco de rasgar o alumínio, use duas folhas para proteger a carne.
10. Retorne as costelinhas embrulhadas no alumínio para o forno, dessa vez com a parte da carne voltada para baixo, em contato direto com a grelha.

11. Asse por mais 1 hora e sirva de imediato.
12. Quando servir, corte com os ossos voltados para cima, para evitar que a carne se despedace.
13. Sirva acompanhado do molho barbecue (ver no capítulo Caldos e Molhos).

DICA:

Se você não usar todo o *rub (tempero seco)* preparado na receita, o que sobrar pode ser armazenado em um pote tampado por três semanas.

Filé mignon curado Regiane Alves

Rendimento: 5 porções | **Tempo aproximado de preparo:** 3 dias e 45 minutos

Este é um prato que tem de ser preparado com antecedência, pois é o tempo que a carne fica curando que vai fazer toda a diferença. Fica ótimo com purê de batata-doce ou simplesmente com uma boa salada.

INGREDIENTES
- ✓ 1 kg de filé mignon
- ✓ 1 colher de sopa de sal
- ✓ 1 colher de sobremesa de açúcar mascavo

MODO DE PREPARO
1. Espalhe o sal e o açúcar em todo o filé e deixe na geladeira por 3 dias embalado com papel-filme.
2. Retire da geladeira, corte em medalhões e sele na frigideira por 3 a 4 minutos dos dois lados.
3. Leve ao forno a 200°C por, no mínimo, 30 minutos.

DICA DA REGIANE ALVES:

Essa receita também pode ser preparada com contrafilé ou com coxão duro. Durante o tempo na geladeira, a carne vai soltar um caldo. É normal. Basta descartar o líquido e deixar a carne continuar curando.

Guisado de alcachofra e filé mignon

Rendimento: 4 a 6 porções | **Tempo aproximado de preparo:** 50 minutos

Este prato é diferente e um tanto exótico. Confesso que antes de experimentá-lo tinha as minhas dúvidas, mas, depois que fiz pela primeira vez, fiquei apaixonada. É saboroso, consistente, perfumado e lindo. Aliás, todo guisado mora no meu coração, pois para se fazer um bom guisado é preciso cozinhar as carnes com os legumes em fogo bem baixo, bem lentamente, por isso é tão perfumado. Os aromas e os sabores aparecem e se misturam. E lembre-se, guisados são ainda mais saborosos no dia seguinte.

INGREDIENTES

- ✓ 1 ½ litro de caldo de legumes (ver no capítulo Caldos e Molhos)
- ✓ 100 g de macarrão cabelo de anjo ou espaguete grano duro pré-cozido
- ✓ 1 kg de filé mignon em cubos pequenos
- ✓ 2 cenouras médias cortadas em cubos
- ✓ ½ brócolis-americano em pedaços
- ✓ 2 dentes de alho picados
- ✓ 8 fundos de alcachofra cortados à julienne
- ✓ 1 cebola grande picada
- ✓ Salsa a gosto
- ✓ Óleo a gosto
- ✓ Sal a gosto
- ✓ Pimenta-do-reino a gosto
- ✓ Gengibre picadinho a gosto

MODO DE PREPARO

Obs: Sempre em fogo baixo.

1. Em uma frigideira grande e funda, coloque o óleo e refogue a cebola, o alho e o gengibre até que estejam cozidos, mexendo sempre para não dourar. Eles devem ficar branquinhos mesmo, porém bem cozidos.
2. Acrescente a carne e refogue até que esteja bem douradinha.
3. Adicione as cenouras e refogue por cerca de 3 minutos.
4. Adicione os brócolis e refogue por mais 2 minutos.
5. Acrescente a alcachofra e regue com um pouco do caldo de legumes. Mexa bem para soltar o sabor que está no fundo da panela, deixe reduzir e encorpar por 30 a 35 minutos.
6. Acrescente o macarrão, o restante do caldo de legumes, tampe e cozinhe por mais 3 a 4 minutos, ou o tempo necessário para que o seu macarrão termine o cozimento.
7. Salpique com a salsa picadinha por cima e está pronto o seu guisado.

Guisado de alcachofra e filé mignon

Sanduíche de minialmôndega e rúcula

Rendimento: 5 porções | **Tempo aproximado de preparo:** 45 minutos

INGREDIENTES

- ✔ 500 g de patinho moído
- ✔ 500 g de baby beef moído
- ✔ 1 cebola pequena ralada
- ✔ 200 g de queijo parmesão ralado
- ✔ 2 baguetes
- ✔ 1 maço de rúcula sem o talo
- ✔ Cheiro-verde picadinho a gosto
- ✔ Sal e pimenta-do-reino a gosto

MODO DE PREPARO

1. Em uma vasilha, junte a carne, a cebola, o cheiro-verde, o sal, a pimenta, o queijo ralado e misture tudo com as mãos.
2. Quando a mistura estiver uniforme, divida em pequenas bolinhas de 2 a 3 cm de diâmetro.
3. Coloque as minialmôndegas em uma assadeira.
4. Leve ao forno preaquecido a 150ºC, por 15 a 20 minutos. Fique atento, o cozimento da almôndega depende da qualidade do seu forno, por isso o tempo pode variar. O ideal é que elas fiquem assadas por fora e úmidas por dentro, porém não se preocupe, essa almôndega não fica muito corada mesmo.
5. Assim que estiverem assadas, monte o sanduíche com o pão e a rúcula.

DICA:

Para dar um toque especial, misture duas colheres de sopa cheias de maionese, uma colher de chá de azeite, sal, pimenta-do-reino e duas ou três colheres de chá de molho-inglês. Misture tudo bem e acrescente em seu sanduíche. O sabor da carne úmida com o crocante da rúcula e a cremosidade dessa maionese darão um sabor todo especial ao seu sanduíche (essa medida é para apenas um sanduíche).

Moussaka

Rendimento: 8 porções | **Tempo aproximado de preparo:** 1h30 minutos

Ingredientes

- ✓ 1 kg de berinjelas
- ✓ 1 kg de batatas cortadas em rodelas grossas
- ✓ 500 g de alcatra moída
- ✓ 1 cebola grande picada finamente
- ✓ 2 dentes de alho picados
- ✓ 3 colheres de sopa de extrato de tomate
- ✓ 1 canela em pau
- ✓ 1 colher de café de hortelã seca
- ✓ 1 folha de louro
- ✓ 1 colher de sopa rasa de farinha de trigo
- ✓ 100 ml de vinho tinto seco
- ✓ 1 xícara de chá de água quente
- ✓ Azeite extravirgem
- ✓ Óleo para grelhar
- ✓ Sal a gosto
- ✓ Queijo parmesão ralado a gosto
- ✓ Pimenta-do-reino a gosto
- ✓ Molho Bechamel a gosto (ver no capítulo Caldos e Molhos)

Modo de preparo

1. Corte as berinjelas em lâminas longitudinais bem finas e polvilhe com sal, deixando marinar por 10 minutos.
2. Cozinhe as batatas em água com sal até ficarem *al dente*.
3. Em uma panela bem quente, refogue a cebola, o alho, a hortelã, a canela e o louro com azeite. Adicione a carne moída, refogando até dourar bem.
4. Polvilhe a farinha de trigo, acrescente o sal e a pimenta-do-reino, misture bem. Adicione o vinho, o extrato de tomate e a água. Deixe ferver, cozinhando por cerca de 30 minutos.
5. Tire as berinjelas da marinada e as seque bem com papel-toalha. Descarte a água.
6. Aqueça uma frigideira antiaderente com um fio de azeite e grelhe as fatias de berinjela por cerca de 2 minutos de cada lado.
7. Em uma assadeira, comece a montar a moussaka. Forre o fundo da assadeira com o molho bechamel, coloque uma camada de berinjela, uma de batata, espalhe o molho de carne, adicione mais uma camada de molho bechamel e um punhado de parmesão ralado na hora. Repita a operação até terminar os ingredientes, finalizando com o molho branco por cima e mais parmesão ralado.
8. Leve ao forno preaquecido a 180°C e asse por cerca de 45 minutos.

MASSAS

Ah... as massas! E não estou falando
só daquela macarronada aos domingos.
Neste capítulo trago receitas deliciosas com
uma variedade enorme de ingredientes.
E claro, com a ajuda de grandes amigos.

Tagliatelle alla crema di limone

Tagliatelle alla crema di limone

Rendimento: 4 porções | **Tempo aproximado de preparo:** 45 minutos

INGREDIENTES

- ✓ 500 g de tagliatelle
- ✓ Suco de 1 limão-siciliano
- ✓ 3 xícaras de creme de leite fresco
- ✓ 3 colheres de sopa de manteiga
- ✓ Raspas de 1 limão-siciliano
- ✓ 1 colher de sopa de pimenta-verde em grãos
- ✓ 2 colheres de sopa de parmesão ralado
- ✓ 1 xícara de azeite extravirgem

MODO DE PREPARO

1. Cozinhe a massa em bastante água salgada, escorra e reserve.
2. Em uma frigideira, coloque a manteiga, o azeite, as raspas do limão e refogue por um minuto.
3. Junte a pimenta-verde e o creme de leite.
4. Quando começar a ferver, abaixe o fogo, acrescente o suco de limão, tempere com o sal e a pimenta-do-reino.
5. Deixe o molho em fogo baixo, mexendo por uns cinco minutos.
6. Misture o tagliatelle ao molho, transfira para uma travessa, polvilhe com o queijo ralado e sirva.

Rigatoni com queijo de cabra

Rendimento: 4 porções | **Tempo aproximado de preparo:** 30 minutos

Eu faço sempre essa massa. É muito fácil e rápida, porém um pouco seca. No Brasil, estamos acostumados a usar muito molho sempre. Se sentir necessidade, pode acrescentar um pouco mais de azeite à massa antes de servir.

INGREDIENTES

- ✓ 450 g de rigatoni
- ✓ 1 ½ xícara de queijo de cabra
- ✓ ½ xícara de parmesão ralado
- ✓ 100 g de azeitona-preta
- ✓ 150 g de brócolis branqueado
- ✓ ¼ de xícara de salsinha picada
- ✓ Azeite extravirgem a gosto

MODO DE PREPARO

1. Cozinhe o rigatoni até ficar *al dente* reserve ½ xícara da água do cozimento.
2. Volte com a massa para a panela e misture bem as azeitonas, o brócolis, o azeite e a salsinha.
3. Acrescente os queijos de cabra e parmesão, adicionando um pouco da água do cozimento para dar liga.
4. Ajuste o sal e a pimenta-do-reino ao seu gosto e sirva.

Fettuccine com almôndegas de frango à la strogonoff

Rendimento: 4 porções | **Tempo aproximado de preparo:** 50 minutos

INGREDIENTES

✓ 1 pacote de fettuccine

Para as almôndegas

✓ 500 g de peito de frango bem picado ou moído
✓ 2 dentes de alho bem picados
✓ ½ cebola-roxa bem picada
✓ 1 colher de sopa de molho inglês
✓ 1 colher de chá de ervas secas
✓ ½ xícara de chá de pão moído
✓ Azeite extravirgem a gosto

Para o molho

✓ 1 colher de sopa de azeite extravirgem
✓ ½ cebola-roxa
✓ 2 dentes de alho amassados
✓ 1 xícara de chá de cogumelos-paris frescos ou em conserva
✓ 2 colheres de chá de páprica picante
✓ ½ xícara de chá de caldo de frango (ver no capítulo Caldos e Molhos)
✓ 2 colheres de sopa de extrato de tomate
✓ 2 colheres de sopa de molho inglês
✓ ½ xícara de chá de creme de leite fresco
✓ Sal e pimenta a gosto

MODO DE PREPARO

1. Preaqueça o forno a 180°C. Cozinhe o fettuccine em bastante água até ficar *al dente*. Escorra e reserve.
2. Misture todos os ingredientes das almôndegas e forme bolinhas temperando com sal e pimenta. Resfrie na geladeira por 10 a 15 minutos.
3. Em uma frigideira bem quente, coloque um pouco de azeite e sele as almôndegas por cerca de 5 minutos, virando para dourar igualmente.
4. Transfira para uma assadeira e asse por cerca de 10 minutos.
5. Em uma panela com azeite, refogue a cebola e o alho até que estejam dourados.
6. Adicione os cogumelos e refogue por mais cerca de 5 minutos. Adicione o extrato de tomate e a páprica.
7. Coloque o caldo de frango e deixe ferver até reduzir pela metade.
8. Adicione o creme de leite, o molho inglês e acrescente as almôndegas, cozinhando por mais 2 ou 3 minutos.
9. Misture bem a massa e sirva imediatamente.

DICA:

Sempre que misturo a massa ao molho, faço gradualmente. Só assim consigo a proporção exata entre molho e massa. Não tenha medo. Algumas vezes, um pouco de massa acaba sobrando, mas prefiro assim. Gosto da minha mistura exata.

Espaguete de linguiça calabresa com alcachofra e limão-siciliano

Rendimento: 4 porções | **Tempo aproximado de preparo:** 1 hora

INGREDIENTES

- ✔ 400 g de espaguete
- ✔ 200 g de alcachofra picadas grosseiramente (fundo ou em conserva)
- ✔ 300 g de linguiça calabresa moída
- ✔ 1 cebola
- ✔ 2 dentes de alho
- ✔ 250 ml de vinho branco
- ✔ Suco de 3 limões-sicilianos
- ✔ Casca de 2 limões-sicilianos para decorar
- ✔ Salsinha picada a gosto
- ✔ Queijo parmesão ralado a gosto

MODO DE PREPARO

1. Cozinhe o espaguete em bastante água até ficar *al dente*. Escorra e reserve.
2. Em uma frigideira grande, aqueça o azeite para refogar o alho e a cebola.
3. Coloque a linguiça e preste atenção: essa parte é determinante para o sucesso da sua massa.
   É importante que você deixe a linguiça dourar o suficiente para soltar toda a gordura sem que ela fique queimada. É a gordura da linguiça que vai dar o toque especial ao seu molho.
4. Coloque o copo de vinho branco e deixe refogar até que o vinho evapore pela metade.
5. Acrescente a alcachofra e o suco de limão. Se preferir, acrescente o suco de limão aos poucos para que ele fique ao seu gosto.
6. Refogue por mais 5 a 8 minutos e acrescente pimenta-do-reino, salsinha e sal a gosto. Este processo todo leva, em média, de 35 a 40 minutos.
7. Acrescente a massa aos poucos, para controlar a proporção entre massa e molho. Salpique parmesão ralado e sirva.

Nhoque de polenta branca ao molho de limão-siciliano e queijo pecorino

Rendimento: 5 porções | **Tempo aproximado de preparo:** 40 minutos

INGREDIENTES

- ✔ 500 g de polenta branca
- ✔ 2 litros de água com sal à gosto
- ✔ Queijo pecorino ralado a gosto.

Para o molho

- ✔ 250 g de manteiga sem sal
- ✔ Suco de ½ limão-siciliano
- ✔ Cascas de um limão-siciliano
- ✔ Sal a gosto

MODO DE PREPARO

1. Cozinhe a polenta até ficar no ponto, mexendo sempre para não empelotar.
2. Depois de esfriar um pouco, abra a massa. Para cortar, use um copo americano como molde. Reserve.
3. Em uma frigideira, derreta a manteiga. Acrescente a pimenta-do-reino, o suco do limão, as cascas do limão e o sal. Corrija o sal se necessário.
4. Regue a polenta com o molho, misturando delicadamente e sirva com bastante queijo pecorino ralado.

Nhoque de ricota e espinafre

Rendimento: 4 porções | **Tempo aproximado de preparo:** 40 minutos

Quem me ensinou essa receita foi a Railda, uma cozinheira incrível. Esse nhoque é superfácil e rápido de fazer. E fica uma delícia!

INGREDIENTES

- ✔ 200 g de espinafre cozido picado finamente
- ✔ 4 colheres de sopa de farinha de trigo
- ✔ 500 g de ricota amassada
- ✔ 1 ovo
- ✔ 100 g de queijo parmesão ralado
- ✔ 1 colher de chá de noz-moscada
- ✔ 2 colheres de sopa de manteiga
- ✔ Sal e pimenta-do-reino a gosto
- ✔ Folhas de sálvia a gosto

Modo de preparo

1. Junte a ricota, o ovo, a farinha, o parmesão, a noz-moscada, o sal, a pimenta, o espinafre e misture bem com as mãos até obter uma massa homogênea.
2. Com as mãos enfarinhadas, faça bolinhas de tamanhos iguais e reserve sobre uma superfície enfarinhada.
3. Cozinhe o nhoque aos poucos com bastante água e um fio de azeite, até que subam à superfície, o que leva 2 a 3 minutos. Deixe escorrer.
4. Refogue a sálvia na manteiga até as folhas ficarem levemente douradas e acrescente os nhoques.
5. Mexa delicadamente, salpicando o parmesão ralado e decorando com mais folhas de sálvia.

Nhoque de ricota e espinafre

Mac and cheese André Lima de Luca

Rendimento: 4 porções | **Tempo aproximado de preparo:** 30 minutos

INGREDIENTES

- ✓ 500 g de macarrão espiral ou caracolino

Para o molho

- ✓ 5 colheres de sopa de manteiga sem sal
- ✓ 5 colheres de sopa de farinha de trigo
- ✓ 3 xícaras de chá de leite integral
- ✓ 1 ½ xícara de chá de creme de leite fresco
- ✓ 1 xícara de chá de queijo gruyère ralado grosso (use queijo minas padrão, se quiser mais neutro)
- ✓ 1 xícara de chá de queijo parmesão
- ✓ 8 unidades de Polenguinho ou 240 g de queijo cremoso
- ✓ 1 xícara de chá de cheddar inglês (ou queijo do reino)

Para a farofinha

- ✓ ½ xícara de farinha de mandioca flocada ou pão envelhecido moído
- ✓ 2 colheres de sopa de manteiga sem sal
- ✓ 1 colher de chá de sálvia fresca picadinha (na falta, use alecrim fresco)

MODO DE PREPARO

Para a farofinha

Derreta a manteiga em uma frigideira, adicione a farinhas e as ervas, tostando por alguns minutos. Não deixe queimar, mexa algumas vezes e desligue o fogo quando estiver ligeiramente dourada. Coloque um pouco de sal e reserve.

Para o molho

1. Derreta a manteiga em fogo médio e adicione a farinha de trigo, misturando bem e cozinhando por cerca de 1 minuto. Adicione aos poucos o leite e mexa bem para evitar que se formem carocinhos. Se tiver um fouet, faça o molho com ele. Esse utensílio foi criado para conseguir misturas homogêneas e é ideal para fazer molhos.
2. Amorne o creme de leite fresco em uma panelinha ou leve ao micro-ondas por cerca de 30 segundos.
3. Adicione os Polenguinhos ao creme de leite e bata com um *mixer* até formar uma pasta lisa e homogênea.
4. Misture essa pasta ao molho e cozinhe, mexendo sempre, por 4 a 5 minutos.
5. Retire a panela do fogo e acrescente os demais queijos, reservando um pouquinho do cheddar para polvilhar a massa antes de gratinar. Mexa bem até que os queijos estejam dissolvidos, formando um molho cremoso.
6. Prove o sal e ajuste se necessário.

Para a massa

1. Preaqueça o forno na temperatura máxima.
2. Cozinhe a massa com bastante água fervente e sal. Tire do fogo pouco antes de ficar *al dente* e escorra.
3. Misture o molho de queijo à massa. O ideal é que seja imediatamente após escorrer, ainda com um pouco da água do cozimento.

4. Coloque a massa em um refratário, cubra com parte do cheddar ralado e polvilhe a farofinha.
5. Leve ao forno por 5 a 7 minutos, ou até que o queijo derreta e fique douradinho.
6. Retire do forno e sirva imediatamente.

DICA 1:

É importante retirar o macarrão da água cerca de 3 minutos antes do tempo previsto. Não se esqueça de que ela ainda vai ao forno e não queremos nossa massa cozida demais.

DICA 2:

Sempre reserve um pouco da água do cozimento do macarrão. Se o seu molho engrossar demais, coloque um pouco dessa água no momento em que misturar a massa com o molho.

Spaghetti al nero de seppia

Rendimento: 4 porções | **Tempo aproximado de preparo:** 30 minutos

Essa massa é colorida com a tinta da lula e tem um sabor diferente. É muito gostosa.

INGREDIENTES

- ✓ 1 pacote de espaguete al nero de sepia
- ✓ 500 g de camarão médio
- ✓ 1 lula grande fatiada
- ✓ 200 g de tomates-cereja
- ✓ 200 g de azeitonas-pretas
- ✓ 4 dentes de alho
- ✓ Azeite extravirgem a gosto
- ✓ Sal e pimenta-do-reino branca a gosto

MODO DE PREPARO

1. Cozinhe a massa até que ela fique *al dente*. Escorra e reserve.
2. Em um frigideira grande, refogue o alho e adicione a lula primeiro, pois ela demora mais para cozinhar do que o camarão. Refogue bem e só então acrescente o camarão.
3. Adicione as azeitonas e os tomates-cereja. Tempere com sal e pimenta e deixe refogar por mais uns 2 minutos.
4. Misture a massa ao refogado. Transfira o espaguete para uma travessa charmosa e sirva em seguida.

DICA:

Se quiser, acrescente um pouco de vinho branco quando estiver refogando os frutos do mar. Não esqueça de abafar para o álcool evaporar. Fica perfumado e delicioso.

Spaghetti alle vongole

Rendimento: 6 porções | **Tempo aproximado de preparo:** 2 horas

Este é um spaghetti alle vongole legítimo, igualzinho a um que comi uma vez em Capri e nunca mais esqueci. Em Nápoles, o costume é fazer essa receita no Natal.

INGREDIENTES

- ✓ 500 g de espaguete
- ✓ 1 kg de vôngoles (nas conchas)
- ✓ 2 xícaras de vinho branco seco
- ✓ 2 dentes de alho picados
- ✓ 6 colheres de sopa de azeite extravirgem
- ✓ Sal e pimenta-calabresa a gosto (pode usar pimenta-do-reino moída na hora se preferir)
- ✓ Cheiro-verde picado a gosto

MODO DE PREPARO

1. Coloque os vôngoles de molho em um recipiente com água fria e bastante sal durante 1 hora.
2. Jogue fora a água, lave-os em água corrente, para que percam o sal e a areia ainda entranhada nas conchas.
3. Coloque-os novamente de molho em água com sal, por mais meia hora.
4. Lave novamente os vôngoles em água corrente. Jogue fora as conchas que estejam abertas e que não se fechem quando tocadas. Faça a mesma coisa com as conchas quebradas ou pesadas demais (elas podem conter lama do mar). Deixe os vôngoles escorrendo.
5. Cozinhe o espaguete em bastante água até ficar *al dente*. Escorra e reserve.
6. Aqueça o azeite em uma panela grande, acrescente o alho picado e cozinhe por 1 a 2 minutos em fogo baixo, mexendo sempre.
7. Adicione os vôngoles (com as conchas), a pimenta, o cheiro-verde e o vinho branco.
8. Aumente o fogo e deixe cozinhar por 5 minutos, agitando a panela tampada para que as conchas se abram normalmente. Descarte os que não se abrirem.
9. Incorpore o macarrão ao molho e misture bem.
10. Leve tudo rapidamente ao fogo alto, apenas para a massa incorporar o sabor e o aroma dos vôngoles.
11. Sirva imediatamente, tendo o cuidado de deixar os vôngoles, sempre com as conchas, por cima da massa.
12. Polvilhe com mais cheiro-verde picadinho para deixar o prato ainda mais bonito.

Pizza de massa folhada com presunto de Parma e queijo feta

Rendimento: 4 porções | **Tempo aproximado de preparo:** 1h15 minutos

Esta receita é facílima de fazer, muito bonita e saborosa. Perfeita para uma refeição no fim da tarde com um bom copo de vinho branco.

INGREDIENTES

- ✓ 400 g de massa folhada
- ✓ 2 colheres de sopa de azeite extravirgem
- ✓ 1 kg de cebola-roxa em fatias finas
- ✓ 2 colheres de sopa de açúcar mascavo
- ✓ 2 colheres de sopa de vinagre balsâmico
- ✓ 50 g de parmesão ralado a gosto
- ✓ 150 g de queijo feta
- ✓ 6 fatias de presunto de Parma
- ✓ Farinha de trigo suficiente para abrir a massa

MODO DE PREPARO

1. Em uma panela grande, coloque o azeite e adicione as cebolas, cozinhando em fogo médio. Mexa para não deixar a cebola queimar, e sim caramelizar, isso deve demorar cerca de 15 minutos.
2. Adicione o açúcar mascavo, o vinagre balsâmico e tempere com sal e pimenta. Deixe cozinhar por mais cerca de 10 minutos e reserve.
3. Preaqueça o forno a 200°C e abra a massa folhada em uma superfície polvilhada com farinha de trigo. Faça um retângulo de aproximadamente 20 × 40 cm.
4. Forre uma assadeira com papel-manteiga, coloque a massa por cima do papel furando-a com um garfo e asse por cerca de 12 minutos.
5. Distribua sobre massa a cebola e os queijos, tempere com pimenta-do-reino a gosto.
6. Deixe assar por 20 minutos e adicione o presunto apenas na hora de servir.

Orecchiette agli spinaci, broccoli e alici chef Sergio Arno

Rendimento: 4 porções | **Tempo aproximado de preparo:** 1 hora

As cinco receitas a seguir são do Sergio Arno, um chef especialista em gastronomia italiana. São receitas tradicionais e preciosas que eu divido aqui com vocês. Aproveitem e bom apetite!

INGREDIENTES

- 500 g de orecchiette
- 1 maço de espinafre cozido
- 1 brócolis inteiro cozido al dente
- 2 colheres de sopa de manteiga sem sal
- 2 dentes de alho picados
- 4 filés de anchova sem espinha picados
- 1 colher de sopa de molho bechamel (ver no capítulo Caldos e Molhos)
- ½ xícara de chá creme de leite fresco
- Sal e pimenta-do-reino fresca a gosto
- 2 colheres de café de pimenta-calabresa seca
- Queijo pecorino ralado a gosto

MODO DE PREPARO

1. Cozinhe a massa em uma panela grande com bastante água. Escorra e reserve.
2. Pique metade dos brócolis em pequenos pedaços e reserve. Bata a metade restante no processador junto com o espinafre.
3. Em uma frigideira, derreta a manteiga, acrescente o alho, metade do creme de leite, o molho bechamel, as anchovas e refogue por aproximadamente 4 minutos.
4. Acrescente a pasta de brócolis e espinafre. Misture bem e deixe reduzir um pouco em fogo baixo. Avalie a consistência e, se necessário, acrescente o restante do creme de leite.
5. Junte a pimenta-calabresa e refogue por cerca de 2 minutos. Acrescente o queijo ralado e misture bem. Tempere com sal e pimenta-do-reino. Mantenha o molho em fogo bem baixo.
6. Despeje o orecchiette à frigideira do molho, misturando bem. Misturar o molho à massa faz parte do sucesso da receita. Quando misturamos bem, a massa incorpora ao molho e tudo fica mais saboroso.
7. Em uma bela travessa, sirva a massa, enfeite com o brócolis picado e polvilhe queijo pecorino à vontade.

Dica:
Eu já fiz essa massa com ricota picante defumada, ficou muito saborosa com gosto intenso e forte. Para quem não gosta do queijo pecorino, a ricota defumada é uma excelente opção.

Orecchiette agli spinaci, broccoli e alici do chef Sergio Arno

Bavette all'aragosta chef Sergio Arno

Rendimento: 4 porções | **Tempo aproximado de preparo:** 1 hora

INGREDIENTES

- ✔ 400 g de bavette
- ✔ 8 caudas de lagostas pré-cozidas, cortadas em fatias regulares
- ✔ 1 kg de tomates sem pele e sem sementes picados
- ✔ ½ maço de manjericão fresco
- ✔ 1 cebola em fatias bem finas
- ✔ 1 colher de chá de pimenta-calabresa fresca
- ✔ 1 xícara de chá de azeite
- ✔ 1 copo de vinho branco seco
- ✔ Sal e pimenta-do-reino a gosto

MODO DE PREPARO

1. Cozinhe o bavette em bastante água até ficar *al dente*. Escorra e reserve.
2. Em uma frigideira grande, aqueça o azeite, refogue as cebolas e a pimenta-do-reino por cerca de 5 minutos.
3. Acrescente a lagosta e o vinho e deixe refogar por 5 a 7 minutos, até o álcool evaporar.
4. Coloque o tomate picado, o manjericão e cozinhe por mais cerca de 8 minutos.
5. Acrescente o macarrão ao molho já cozido misturando bem e sirva imediatamente.

Bavette all'aragosta do chef Sergio Arno

Penne alle melanzane e zucchine con mozzarella affumicata
chef Sergio Arno

Rendimento: 4 porções | **Tempo aproximado de preparo:** 45 minutos

INGREDIENTES

- 400 g de penne
- 600 g de abobrinha em cubinhos
- 600 g de berinjela em cubinhos
- 6 tomates bem maduros sem pele e sem sementes em tiras pequenas (à julienne)
- 3 dentes de alho triturados
- Manjericão fresco a gosto
- 1 xícara de chá de azeite
- 400 g de muçarela defumada em cubinhos
- Sal a gosto
- Pimenta-do-reino a gosto

MODO DE PREPARO

1. Cozinhe o penne em bastante água já salgada. Escorra e reserve.
2. Em uma frigideira grande, coloque o azeite, o alho, a berinjela e a abobrinha e refogue por 8 a 10 minutos.
3. Junte os tomates e as folhas de manjericão.
4. Cozinhe por alguns minutos, acerte o sal e a pimenta.
5. Misture bem a massa para pegar bem o gosto e, por último, acrescente a muçarela defumada e mais pimenta-do-reino moída na hora.

DICA:

Lembre-se de sempre acrescentar aos poucos a massa ao molho. É importante equilibrar a proporção entre a massa e o molho.

Penne alle melanzane e zucchine con mozzarella affumicata do chef Sérgio Arno

Spaghetti alla carbonara

Rendimento: 4 porções | **Tempo aproximado de preparo:** 25 minutos

Este é o verdadeiro carbonara, que o chef Sergio Arno preparou no meu programa. A receita tradicional leva guanciale e ovo cru em temperatura ambiente. Receitas com creme de leite e bacon podem ser deliciosas, mas não são o carbonara original. Experimente esta aqui. Garanto que vale a pena!

INGREDIENTES

- ✓ 400 g de espaguete
- ✓ 3 a 4 ovos caipiras em temperatura ambiente
- ✓ 250 g de guanciale picado em cubinhos
- ✓ 40 g de queijo pecorino
- ✓ 60 g de parmegiano reggiano
- ✓ Pimenta-do-reino moída na hora a gosto
- ✓ Azeite extravirgem
- ✓ Sal grosso para a massa

MODO DE PREPARO

1. Cozinhe o espaguete em bastante água com sal grosso até ficar *al dente*. Escorra e reserve.
2. Em uma frigideira, frite o guanciale com um fiozinho de azeite, pois ele vai soltar gordura também. Mantenha no fogo até dourar e então reserve-o em um recipiente separado. Mantenha a frigideira com a gordura do guanciale bem à mão, você irá usá-la a seguir.
3. Em um bowl, bata os ovos, então misture bem o queijo parmesão, o queijo pecorino e a pimenta-do-reino.
4. Aqueça levemente o espaguete já cozido, na mesma frigideira da fritura do guanciale, e adicione o guanciale já frito para incorporar o sabor.
5. Coloque o espaguete no bowl com a mistura de ovos e queijos. O ovo vai cozinhar com o calor da massa.
6. Mexa rapidamente de baixo para cima, sem parar, até que todo o molho seja incorporado à massa, pois assim o ovo vai ficar bem cozido e o queijo bem derretido. Quanto mais você mexer, mais cremoso vai ficar. Sirva decorando com um raminho de alecrim.

DICA:

Se não encontrar o guanciale, pode usar a pancetta, que é bastante parecida. Mas tente não usar o bacon.

Spaghetti alla matriciana

Rendimento: 4 porções | **Tempo aproximado de preparo:** 25 minutos

Esta receita é muito antiga e tradicional e foi preparada por Sergio Arno no meu programa. Este espaguete é original da cidade de Amatrice e junto do carbonara é o macarrão mais famoso da Itália. É a receita mais reproduzida no mundo.

INGREDIENTES

- ✓ 400 g de espaguete
- ✓ 250 g de guanciale
- ✓ 500 g de tomate bem maduro (ou tomate pelado em lata)
- ✓ 300 g de queijo pecorino romano
- ✓ 1 colher de sopa de banha (se preferir pode excluir esse item da sua receita)
- ✓ ½ pimenta-dedo-de-moça
- ✓ Sal grosso para a massa

MODO DE PREPARO

1. Em uma frigideira grande, frite o guanciale com um pouco de azeite. Quando estiver dourado, tire do forno e reserve.
2. Na mesma frigideira, derreta a banha e frite a pimenta-dedo-de-moça.
3. Refogue os tomates por cerca de 20 minutos.
4. Acerte o sal e junte o guanciale frito.
5. Apure o molho por mais cerca de 5 minutos.
6. Cozinhe a massa até ficar *al dente* na água salgada.
7. Escorra, despeje na frigideira com o molho, junte os queijos e misture bem. Sirva!

DICA:

Se quiser variar a sua receita, use 150 g de pecorino e 150 g de parmesão, mas lembrando que a receita original de matriciana leva apenas pecorino.

VEGETARIANOS

Você já imaginou fazer coxinha de berinjela?
E Strudel di Zucchine? Com receitas pra lá de criativas,
este capítulo ficou muito divertido — e saborosíssimo!

Torta de tomate

Rendimento: 10 porções | **Tempo aproximado de preparo:** 50 minutos

INGREDIENTES

Para a massa

- ✔ 3 ovos inteiros
- ✔ 1 xícara de chá de óleo ou azeite
- ✔ 1 xícara de chá de farinha trigo
- ✔ 1 colher de sopa de fermento em pó
- ✔ 150 g de queijo minas fresco picado
- ✔ 2 xícaras de chá de leite
- ✔ 100 g de queijo parmesão ralado na hora
- ✔ Sal a gosto

Para o recheio

- ✔ 7 a 8 tomates picadinhos
- ✔ 2 cebolas picadinhas
- ✔ Pimentão-vermelho e amarelo picadinhos a gosto
- ✔ Azeitona preta picada a gosto
- ✔ Orégano a gosto
- ✔ Tomilho fresco picado a gosto
- ✔ Salsinha e cebolinha picadas a gosto
- ✔ Azeite extravirgem a gosto
- ✔ Vinagre a gosto

MODO DE PREPARO

Para a massa

1. Coloque todos os ingredientes da massa no liquidificador, menos o fermento em pó.
2. Bata por aproximadamente 5 minutos.
3. Adicione o fermento e misture delicadamente com uma colher.

Para o recheio

1. Em uma tigela funda, misture todos os ingredientes.
2. Coloque a mistura em uma peneira chinois ou em uma peneira grande e deixe escorrer para o tomate liberar a maior parte do líquido. É importante que o recheio esteja bem sequinho.

Montagem

1. Unte uma forma refratária e coloque metade da massa.
2. Coloque o recheio e espalhe por cima dessa massa.
3. Adicione o restante da massa por cima do recheio, distribuindo uniformemente.
4. Polvilhe o queijo parmesão ralado por cima e leve ao forno a 180 ºC. Deixe assar por aproximadamente 30 minutos.

Torta de tomate

Curry de legumes com arroz de limão chef Davi Hertz

Rendimento: 6 porções | **Tempo aproximado de preparo:** 1 hora

INGREDIENTES

Para o curry

- ✔ Óleo de girassol
- ✔ 250 g de cebola cortada em cubos grandes
- ✔ 3 dentes de alho picados grosseiramente
- ✔ 5 g de gengibre fresco picado
- ✔ 1 colher de sopa de mostarda em grão
- ✔ 1 colher de sopa de semente de cominho
- ✔ 1 colher de chá de semente de endro
- ✔ 5 bagas de cardamomo verdes
- ✔ 5 cravos
- ✔ 1 colher de chá de feno-grego em pó
- ✔ 1 colher de sobremesa de curry em pó
- ✔ 1 colher de sobremesa de páprica picante
- ✔ 2 bananas-prata bem maduras
- ✔ 2 tomates-italianos inteiros e maduros
- ✔ 200 g de berinjela cortada em cubos grandes
- ✔ 150 g de jiló cortado em 4 pedaços
- ✔ 200 g de minicenouras descascadas
- ✔ 100 g de abobrinha cortada em rodelas
- ✔ Coentro a gosto
- ✔ Sal e pimenta-do-reino a gosto

Para o arroz de limão

- ✔ 200 g de arroz agulhinha
- ✔ 2 colheres de chá de cúrcuma em pó
- ✔ 30 ml de óleo vegetal
- ✔ 1 colher de sobremesa de semente de mostarda
- ✔ 1 colher de chá de pimenta-chilli seca
- ✔ 1 colher de sopa de pasta de alho com gengibre
- ✔ ½ colher de sopa de páprica picante
- ✔ ½ colher de sopa de garam massala
- ✔ 1 colher de sopa de semente de cominho
- ✔ 5 folhas de curry
- ✔ Suco de 4 limões
- ✔ Sal a gosto

Modo de preparo

Para o curry

1. Em um pilão, macere as sementes do cominho, endro e cardamomo. Reserve.
2. Em uma frigideira, aqueça as sementes de mostarda até começarem a pipocar. Adicione as especiarias secas moídas no pilão até soltarem os aromas e reserve. (Não pule essa etapa. Este processo valoriza o perfume de cada especiaria e, acredite, faz diferença.)
3. No mesmo pilão, faça uma pasta de alho com o gengibre e reserve.
4. Em uma panela, aqueça o óleo e doure lentamente as cebolas por 10 a 15 minutos.
5. Adicione a pasta de gengibre, as especiarias, a banana e, logo após, o tomate.
6. Adicione água fervente aos poucos, até virar um molho espesso. Coloque as cenouras e cozinhe por 3 minutos. Sempre que necessário adicione água aos poucos para a panela não secar.
7. Adicione a berinjela e o jiló e cozinhe por mais 5 minutos.
8. Coloque as abobrinhas e acerte o ponto dos legumes com sal, pimenta-do-reino, páprica picante e, se necessário, sempre mais especiarias.

Para o arroz de limão

1. Lave, seque e cozinhe o arroz puro em água fervente até que fique soltinho.
2. Em uma assadeira, coloque o arroz e tempere aos poucos com sal, óleo e cúrcuma, misturando bem.
3. Em uma frigideira, toste as sementes de mostarda, adicione a pasta de alho com gengibre, as pimentas inteiras, as folhas de curry e as demais especiarias. Refogue por 2 a 3 minutos para realçar os sabores.
4. Misture bem o arroz com este refogadinho para aromatizá-lo. Finalize regando com o suco de limão por cima do arroz e misture bem.
5. Sirva em temperatura ambiente, acompanhado do curry de legumes quente com tomates picados e coentro fresco; se quiser, salpique um pouco de feno-grego por cima.

Caponata de berinjela

Rendimento: 5 porções | **Tempo aproximado de preparo:** 1 hora

Depois de pronto, se conservado em recipiente adequado na geladeira, esse prato pode durar de 10 a 15 dias. Bem prático para o nosso dia-a-dia.

INGREDIENTES

- ✔ 700 g de berinjela em cubos
- ✔ ½ xícara de chá de azeite extravirgem
- ✔ 1 talo de aipo picado
- ✔ 1 cebola bem picada
- ✔ 3 tomates-italianos maduros sem pele em cubinhos
- ✔ 1 colher de chá de açúcar
- ✔ ½ xícara de chá de vinagre de vinho branco
- ✔ 1 xícara de chá de azeitonas verdes sem caroço
- ✔ 3 colheres de sopa de alcaparras
- ✔ 1 colher de sopa de passas brancas, hidratadas por 10 minutos em água quente
- ✔ Manjericão fresco a gosto

MODO DE PREPARO

1. Coloque os cubos de berinjela em um escorredor e polvilhe com sal e deixe descansar por 30 minutos.
2. Lave com água e seque com papel toalha (é importante deixar bem sequinho).
3. Em uma frigideira, aqueça o azeite e adicione a berinjela, até que fique dourada.
4. Em outra frigideira, aqueça mais um pouco de azeite e refogue o aipo, a cebola e os tomates, cozinhando por cerca de 10 minutos em fogo médio.
5. Adicione o açúcar, o vinagre, as alcaparras, as azeitonas e as passas.
6. Junte a berinjela e cozinhe por 10 a 15 minutos.
7. Sirva com torradas e manjericão.

Lasanha de espinafre e alcachofra

Rendimento: 4 porções | **Tempo aproximado de preparo:** 50 minutos

INGREDIENTES

Para a lasanha

- ✓ 2 xícaras de chá de queijo cottage (dividir em três partes iguais)
- ✓ 2 colheres de sopa de azeite extravirgem
- ✓ 1 xícara de chá de cebola-roxa picadinha
- ✓ 2 dentes de alho amassados
- ✓ 1 xícara de chá de coração de alcachofra (pode ser cozida ou em conserva)
- ✓ 1 pacote de massa para lasanha
- ✓ 2 xícaras de chá de muçarela de búfala cortada em fatias finas
- ✓ 350 g de espinafre
- ✓ 75 ml de vinho branco
- ✓ Parmesão ralado a gosto
- ✓ Pimenta-do-reino, sal e manjericão a gosto

Para o molho

- ✓ Prepare uma bela tomatada (ver no capítulo Caldos e Molhos).

MODO DE PREPARO

1. Preaqueça o forno a 200ºC.
2. Prepare a tomatada. Em seguida, pique os corações de alcachofra.
3. Em uma panela, coloque o azeite e refogue a alcachofra com um pouco da cebola, até que fique macia. Acrescente um pouco de sal, pimenta e o vinho branco, deixando evaporar um pouco.
4. Rasgue o espinafre e coloque no refogado, misturando até as folhas murcharem. Não precisa acrescentar água. Adicione uma pitada de manjericão.
5. Em um processador, bata uma parte do queijo cottage com o refogado de espinafre e alcachofra até que fique cremoso, se quiser acrescente um fio de azeite. Reserve.
6. Misture mais uma parte do queijo cottage ao creme no processador, tempere com sal e pimenta.
7. Em uma assadeira, espalhe meia xícara da tomatada e comece a montar a lasanha, colocando uma camada de massa de lasanha, uma camada do recheio de alcachofra e espinafre e salpicando um pouco do queijo parmesão. Repita esse processo até preencher toda a assadeira.
8. Na última camada, acrescente o recheio de espinafre e alcachofra e então adicione por cima o restante do queijo cottage, coloque umas folhinhas de manjericão e espalhe mais um pouco de molho. Cubra com mais uma camada de massa e então finalize com as fatias de muçarela de búfala.
9. Asse no forno por 30 a 35 minutos.

DICA:

O segredo dessa lasanha é que você não precisa cozinhar a massa antes. Nós montamos a lasanha com a massa seca mesmo e ela vai cozinhar no forno.

Lentilha de Puy ao curry

Rendimento: 5 porções | **Tempo aproximado de preparo:** 1 hora

Esta lentilha é maravilhosa! Perfeita para acompanhar peixes e frutos do mar grelhados. Antes de servi-la, eu sempre coloco um pouco mais do suco de limão para dar um toque especial.

INGREDIENTES

- 100 g de lentilha de Puy
- 2 folhas de louro fresco
- 40 g de manteiga
- 1 cebola pequena bem picadinha
- 1 colher de chá de curry em pó
- 50 ml de vinho branco seco
- Suco de 2 limões-taiti
- Sal e pimenta-do-reino a gosto

MODO DE PREPARO

1. Pré-cozinhe as lentilhas, deixando-as bem firmes, e reserve.
2. Em uma caçarola grande, derreta a manteiga, acrescente a cebola, o louro e deixe refogar por 3 a 4 minutos.
3. Adicione as lentilhas, mexa bem e refogue por mais 2 a 3 minutos.
4. Acrescente o vinho e o limão, misturando tudo rapidamente e abafe com a tampa.
5. Destampe a panela e deixe refogar por mais 3 a 5 minutos, até que o caldo evapore bem.
6. Tempere com o sal, o curry e a pimenta. Pronto! É só comer!

Pão de abóbora e sálvia

Rendimento: 4 porções | **Tempo aproximado de preparo:** 50 minutos

Originalmente, a receita deste pão é doce. Quando a vi, achei que os ingredientes ficariam perfeitos em uma versão salgada. Arrisquei e me dei bem! Esse pão é muito gostoso e, muitas vezes, quando faço jantares em casa, preparo-o em porções individuais e sirvo um pãozinho como acompanhamento para cada convidado. Fica lindo e todo mundo elogia!

INGREDIENTES

- 180 g de manteiga sem sal
- ¼ de xícara de chá de sálvia fresca cortada em tiras (mais um punhado para decoração)
- 1 e ⅔ de xícara de chá de farinha de trigo (mais um pouco para untar a forma)
- 2 colheres de chá de fermento
- 1 pitada de canela em pó
- 1 pitada de noz-moscada em pó
- 1 pitada de cravo em pó
- 1 colher de chá de sal
- 1 xícara de chá de purê de abóbora do tipo moranga
- 1 xícara de chá de açúcar mascavo
- 2 ovos grandes

MODO DE PREPARO

1. Preaqueça o forno a 350 °C. Cozinhe a abóbora até que fique bem macia, amasse até virar um purê e reserve.
2. Em uma panela, derreta a manteiga e doure as tiras de folhas de sálvia por 5 a 8 minutos.
3. Reserve e deixe esfriar.
4. Em uma vasilha, misture a farinha, a canela, a noz-moscada, o cravo e o sal. Reserve.
5. Em uma batedeira, bata o purê de abóbora, o açúcar, os ovos e a manteiga com a sálvia.
6. Acrescente a mistura de farinha com os demais ingredientes secos e bata até que fique uma massa uniforme cremosa e espessa.
7. Despeje a mistura em formas de pão pequenas. Coloque as forminhas em uma assadeira e leve ao forno preaquecido por 20 a 30 minutos.
8. Decore com sálvia e sirva!

DICA:

Se você quiser experimentar o pão salgado, basta não acrescentar o açúcar mascavo. Você também pode acrescentar uma pitada de pimenta-do-reino durante o preparo.

Alcachofra gratinada

Alcachofra gratinada

Rendimento: 4 porções | **Tempo aproximado de preparo:** 25 minutos

Alcachofras são minha paixão secreta. Eu e Valentina, minha filha mais velha, somos tão loucas por alcachofra que quando chega a época comemos todos os dias. Já estamos ensinando esse prazer para a Isabel, minha filhinha mais nova. Para quem compartilha essa paixão conosco, aqui vão algumas receitas do coração.

INGREDIENTES

- ✔ 4 alcachofras limpas e cozidas
- ✔ Azeite de oliva extravirgem a gosto
- ✔ 1 dente de alho picado
- ✔ 8 fundos da alcachofra limpos, cozidos e picados grosseiramente
- ✔ 3 colheres de sopa de molho bechamel (ver no capítulo Caldos e Molhos)
- ✔ Queijo parmesão ralado a gosto
- ✔ Sal e pimenta-do-reino a gosto
- ✔ Salsinha a gosto

MODO DE PREPARO

1. Em uma frigideira, aqueça o azeite e refogue o alho até dourar.
2. Coloque os fundos de alcachofra picados e refogue com o alho por 2 a 3 minutos.
3. Em fogo médio, acrescente o molho bechamel e o parmesão e misture até que tudo esteja incorporado, por cerca de 2 minutos.
4. Recheie as outras alcachofras inteiras e limpas com molho e leve ao forno por 10 a 15 minutos, só o tempo suficiente para dourá-las.

Raízes assadas com ervas

Rendimento: 4 porções | **Tempo aproximado de preparo:** 50 minutos

INGREDIENTES

- 200 g de batata-doce descascada
- 200 g de inhame descascado
- 200 g de batata-baroa descascada
- 200 g de batata-doce roxa
- ½ maço de tomilho fresco
- ½ maço de sálvia fresca
- ½ maço de alecrim fresco
- 1 cabeça de alho
- Azeite extravirgem a gosto
- Sal e pimenta-do-reino a gosto

MODO DE PREPARO

1. Corte as raízes em fatias irregulares.
2. Em uma assadeira, disponha as fatias, misturando-as para ficar bem colorido e regue com azeite.
3. Espalhe os dentes de alho e as ervas pela assadeira e cubra com papel-alumínio.
4. Leve ao forno preaquecido a 180ºC e asse por 20 minutos.
5. Retire o papel-alumínio e asse por mais 20 minutos ou até que estejam cozidas e douradas.
6. Retire do forno e sirva em seguida.

DICA:

Se tiver um refratário bonito, já pode preparar a receita nele, assim você já pode retirar do forno e levar à mesa. E, se preferir, você também pode dar uma pré-cozida nos tubérculos e levá-los ao forno por menos tempo.

Macarrão de batata-doce

Rendimento: 4 porções | **Tempo aproximado de preparo:** 1h15 minutos

Esse macarrão é tão gostoso, tão fácil de fazer e, acima de tudo, muito saudável. O Ricardo Tozzi adora batata-doce e pediu para eu preparar essa receita para ele no meu programa.

INGREDIENTES

- 3 batatas-doces médias com casca (se possível, a batata-doce amarela)
- 2 dentes de alho picados
- 1 cebola pequena bem picada
- 2 colheres de sopa de azeite extravirgem
- 1 xícara de vinho branco seco
- 1 xícara de cogumelo-paris
- 1 colher de chá de pimenta-rosa e pimenta-calabresa
- 2 colheres de sopa de cebolinha bem picada
- Sal a gosto

MODO DE PREPARO

1. Lave as batatas se for utilizá-las com casca ou então descasque-as com a mandolina, corte-as como um fettuccine.
2. Em uma frigideira grande, aqueça o azeite e refogue o alho e a cebola por 1 ou 2 minutos. Tempere com as pimentas e a cebolinha.
3. Adicione os cogumelos e cozinhe por 5 ou 6 minutos.
4. Adicione o macarrão de batata-doce e refogue por mais 3 ou 4 minutos, até que comece a ficar macio.
5. Adicione o vinho branco, abafe e deixe secar.
6. Tempere com sal e pimenta-calabresa e sirva com cebolinha picada.

DICA:

Este macarrão precisa de uma mandolina, um cortador específico para transformar legumes em fettuccine, mas não se preocupe. Você consegue encontrá-lo facilmente em lojas de utensílio de cozinha.

Coxinhas de berinjela

Rendimento: 2 a 4 porções | **Tempo aproximado de preparo:** 1 hora

Uma versão vegetariana do salgadinho que tanto aquece os nossos corações. Este recheio cremoso de berinjela é muito saboroso. Tão bonito quanto delicioso, promete agradar a todos.

INGREDIENTES

Para o recheio

- 1 dente de alho pequeno, esmagado
- 1 colher de chá de folhas de tomilho
- 1 colher de sopa de cebola picadinha
- 2 colheres de sopa de azeite extravirgem
- 1 berinjela grande descascada e cortada em cubinhos
- 1 colher de sopa de queijo parmesão ralado
- 1 colher de sopa de queijo pecorino romano ralado
- Sal e pimenta-do-reino a gosto

Para a massa

- 1 batata pequena
- 120 ml de caldo de legumes (ver no capítulo Caldos e Molhos)
- 120 ml de leite
- 1 colher de sopa de manteiga
- ½ colher de chá de sal
- 125 g de farinha

Para a montagem

- 2 colheres de sopa de farinha de trigo
- 60 g de farinha de rosca
- 2 ovos inteiros, batidos e levemente salgados
- Óleo vegetal para fritura
- Sal a gosto

MODO DE PREPARO

Para o recheio

1. Em uma panela, salteie o alho, o tomilho e a cebola no azeite por cerca de 1 minuto.
2. Acrescente a berinjela e tempere com sal e pimenta-do-reino.
3. Cozinhe até que a berinjela esteja macia e seca, por cerca de 20 minutos.
4. Bata no liquidificador e deixe esfriar completamente antes de misturar os queijos.

Para a massa

1. Cozinhe, descasque e amasse a batata. Reserve.
2. Em uma caçarola, ferva o caldo de legumes, o leite, a manteiga e o sal.
3. Acrescente a farinha e mexa imediatamente. Mexa muito bem para não empelotar.
4. Continue mexendo por cerca de 5 minutos ou até que a massa comece a secar e a desgrudar do fundo da panela.
5. Tire do fogo e misture com a batata.
6. Em uma superfície plana, sove a massa por cerca de 2 minutos.

Para a montagem

1. Faça uma bola com 1 colher de sopa de massa e amasse-a, formando um disco de aproximadamente 6 cm de diâmetro.
2. Coloque 1 colher de chá da pasta de berinjela no meio e feche a massa ao redor do recheio, com cuidado para não romper.
3. Molde a coxinha em forma de pera. Faça o mesmo com a massa restante.
4. Coloque a farinha de trigo, a farinha de rosca e os ovos em vasilhas separadas e empane cada coxinha: primeiro na farinha de trigo, depois no ovo e por último na farinha de rosca.
5. Reserve as coxinhas em um prato.
6. Aqueça o óleo e frite as coxinhas em porções, dourando bem.
7. Transfira para uma travessa forrada de papel toalha e tempere com sal.
8. Sirva-as quentes.

Brócolis assado com cevadinha

Rendimento: 4 porções | **Tempo aproximado de preparo:** 30 minutos

INGREDIENTES

- 600 g de brócolis-americano (pré-cozido)
- 3 dentes de alho bem picados
- 3 colheres de sopa de azeite
- Suco de 2 limões-sicilianos
- 1 xícara de chá de cevadinha
- 2 xícaras de chá de água
- 3 xícaras de chá de espinafre picado grosseiramente
- 1 maço de cebolinha
- ¼ de xícara de chá de queijo de cabra
- ⅓ de xícara de chá de avelãs
- Sal a gosto
- Pimenta-do-reino a gosto

MODO DE PREPARO

1. Preaqueça o forno a 200ºC.
2. Leve uma panela ao fogo e cozinhe a cevadinha na água e sal, até que esteja *al dente*.
3. Em um bowl grande, misture os brócolis com o suco de limão, a cebolinha e o alho. Não precisa acrescentar azeite, nem água, pois queremos os brócolis bem crocantes.
4. Coloque em uma assadeira e asse por 20 minutos. Escorra a cevadinha e descarte a água.
5. Misture a cevadinha com os brócolis assados, acrescente o espinafre e esfarele o queijo de cabra.
6. Tempere com azeite, sal e pimenta a gosto. Finalize com as avelãs e sirva.

Risoto de quinoa e shitake

Rendimento: 4 porções | **Tempo aproximado de preparo:** 40 minutos

Originalmente, esta receita leva creme de leite fresco. Se você é como eu e não gosta muito de creme de leite, não esquente a cabeça. Esse risoto funciona muito bem sem esse ingrediente.

INGREDIENTES

- ✔ 250 g de quinoa em grãos
- ✔ 1 litro de água fria
- ✔ 1 colher de sopa de azeite
- ✔ 30 g de manteiga
- ✔ 1 cebola-roxa bem picadinha
- ✔ 125 g de shitake
- ✔ 1 dente de alho picadinho
- ✔ 125 ml de vinho branco
- ✔ 125 ml de creme de leite fresco
- ✔ 50 g de queijo parmesão (ou mais se preferir)

MODO DE PREPARO

1. Em uma panela, coloque a quinoa, cubra com a água fria e leve para o fogo.
2. Ao levantar fervura, abaixe o fogo e cozinhe por 10 minutos, deixando a quinoa absorver a água e descartando o excesso.
3. Em outra panela, refogue a cebola e o alho em um fio de azeite, colocando os shitakes em seguida.
4. Acrescente a quinoa e refogue mais um pouco e então adicione a manteiga.
5. Acrescente o vinho e deixe reduzir pela metade.
6. Tire do fogo, adicione o creme de leite e misture bem.
7. Tempere com sal e pimenta-do-reino branca a gosto.
8. Finalize com o queijo parmesão.

Alcachofra à italiana

Rendimento: 4 porções | **Tempo aproximado de preparo:** 50 minutos

Esta receita é inacreditavelmente saborosa, além de muito linda. Espero que goste e repita várias vezes, incorporando essa receita antiga ao seu cardápio.

INGREDIENTES

- ✔ 4 alcachofras
- ✔ Farinha de rosca ou farinha de pão triturado em casa
- ✔ 100 g de azeitona-preta picada
- ✔ 100 g de azeitona-verde picada
- ✔ 2 dentes de alho picados
- ✔ 2 tomates sem pele e sem semente cortados em cubinhos
- ✔ Queijo parmesão ralado a gosto
- ✔ Aliche cortado a gosto
- ✔ Azeite extravirgem a gosto
- ✔ Sal e pimenta-do-reino a gosto
- ✔ Salsa picadinha a gosto

MODO DE PREPARO

1. Em uma vasilha, misture a farinha de rosca ou de pão, as azeitonas picadas, a salsa, o alho, o queijo parmesão, o aliche, o azeite, o sal e o tomate. Tempere com sal e pimenta-do-reino. Reserve.
2. Para rechear a alcachofra, corte a parte de cima das folhas, retirando o miolo aos poucos para não desmontar.
3. Recheie as alcachofras com a farofa.
4. Disponha as alcachofras em uma panela funda, acrescente água até o meio da panela e tampe.
5. Cozinhe as alcachofras por 35 a 40 minutos.

Alcachofra à italiana

Pizza al Pomodoro

Rendimento: 4 pizzas | **Tempo aproximado de preparo:** 2 horas

De todos os modos de preparo da pizza mais famosa do mundo, este promete satisfazer até os mais exigentes gourmets.

INGREDIENTES

Para a massa

- ✔ 200 g de farinha de manitoba
- ✔ 60 g de farinha de trigo durum
- ✔ 1 colher de sopa de sal
- ✔ 6 g de fermento fresco
- ✔ 1 colher de sopa de azeite
- ✔ ½ colher de chá de açúcar
- ✔ 125 ml de água morna

Para o recheio

- ✔ ½ porção de tomatada, em temperatura ambiente (ver no capítulo Caldos e Molhos)
- ✔ 1 colher de sopa de orégano
- ✔ 120 g de muçarela, cortada em cubos de cerca de 1 cm
- ✔ Azeite extravirgem para regar
- ✔ Queijo parmesão ralado a gosto
- ✔ Manjericão a gosto

MODO DE PREPARO

Para a massa

1. Em uma vasilha, misture as farinhas e faça um buraco no meio.
2. Em outra vasilha, dissolva o fermento na água aquecida e em seguida misture o restante dos ingredientes.
3. Despeje o líquido dentro do buraco e trabalhe com as mãos para formar a massa.
4. Misture bem para que o ar se incorpore à massa. Acrescente mais água morna se a massa estiver muito seca.
5. Quando a textura da massa estiver lisa, cubra com papel-filme ou um guardanapo e deixe descansar em local quente e seco por cerca de 35 minutos para o fermento agir e a massa crescer.
6. Em seguida, polvilhe a superfície da massa com a farinha e sove bastante em uma superfície lisa. Vire bem a massa, puxando pequenas porções da borda para cima, como se fosse um lençol, cobrindo-a novamente. Polvilhe mais farinha e repita essa operação, cobrindo e incorporando a farinha, até fazer sovar a massa por inteiro. Repita o procedimento duas vezes.
7. Deixe a massa descansar por mais 35 minutos.

Para a montagem

1. Preaqueça o forno a 230°C.
2. Regue uma assadeira de 23 × 33 cm com azeite.

3. Coloque a massa sobre uma superfície levemente enfarinhada e abra-a com os punhos ou com um rolo, formando um retângulo ou círculo do tamanho da assadeira. Não se preocupe com formas perfeitas, o que vale é ter uma massa consistente e bem descansada.
4. Coloque cuidadosamente a massa na assadeira untada.
5. Perfure-a com um garfo para evitar a formação de bolhas de ar.
6. Espalhe o molho de tomate sobre a massa, salpique o orégano e cubra com o parmesão e a muçarela, finalizando com as folhas de manjericão.
7. Regue com azeite e asse por 12 a 15 minutos ou até que o fundo da pizza esteja escurecido e tostado.
8. Tire do forno, fatie e sirva.

DICA:
Se preferir, pode deixar a massa descansar de um dia para o outro.

Polenta frita com mascarpone

Rendimento: 4 porções | **Tempo aproximado de preparo:** 1h30 minutos

INGREDIENTES

- ✓ 1 pacote de polenta
- ✓ 200 g de mascarpone
- ✓ 50 g de manteiga
- ✓ Óleo para fritar
- ✓ Farinha Panko para empanar

MODO DE PREPARO

1. Cozinhe a polenta de acordo com as instruções de preparo do pacote, acrescentando o mascarpone após diluir a polenta no leite ou na água.
2. Coloque em uma assadeira e deixe esfriar. Se quiser, pode até levar à geladeira. Quanto mais fria, melhor.
3. Corte como desejar (pode ser em tiras, quadrados ou retângulos), empane com o Panko e frite em óleo bem quente.

DICA
Como o mascarpone já entra na receita, eu prefiro preparar a polenta com água, em vez de usar leite.

Strudel di Zucchine

Rendimento: 4 porções | **Tempo aproximado de preparo:** 1 hora

Enriquecido com *pinoli* tostados e folhas de manjericão, este strudel de abobrinha e queijo Taleggio ganha um toque muito especial. Esta receita, a princípio, parece complexa, pois, de fato, cada etapa é delicada e importante. Mas não se intimide. Você logo se familiarizará e seu strudel ficará cada vez mais bonito e saboroso. Garanto que vale a pena!

INGREDIENTES

Para o recheio

- ✔ 2 dentes de alho
- ✔ 3 colheres de sopa de azeite extravirgem
- ✔ 1 colher de sopa de *pinoli* tostados
- ✔ 4 abobrinhas gratinadas
- ✔ 180 g de ricota
- ✔ 2 colheres de sopa de queijo parmesão ralado
- ✔ Uma pitada de noz-moscada
- ✔ Sal e pimenta-branca a gosto

Para a massa

- ✔ 100 g de farinha italiana
- ✔ 100 g de farinha de trigo durum
- ✔ 2 colheres de sopa de azeite extravirgem
- ✔ 1 clara de ovo
- ✔ 90 ml de água
- ✔ Uma pitada de sal

Para a montagem

- ✔ 2 colheres de sopa de creme de leite misturadas com 1 colher de sopa de leite
- ✔ 80 g de queijo Taleggio
- ✔ 4 folhas frescas de manjericão picadas

MODO DE PREPARO

Para o recheio

1. Em uma panela, salteie os dentes de alho no azeite até começarem a dourar. Acrescente os *pinoli* e toste.
2. Acrescente as abobrinhas e cozinhe até todo o líquido evaporar e elas começarem a dourar.
3. Tempere com sal e pimenta-branca e descarte os dentes de alho. Deixe esfriar completamente.
4. Em uma vasilha, misture a ricota, o parmesão e a noz-moscada e acrescente a à abobrinha fria. Reserve.

Para a massa

1. Peneire as farinhas sobre uma superfície seca e plana.
2. Faça um buraco no meio do montinho de farinha e coloque os outros ingredientes dentro dele.

3. Misture com as mãos até misturar bem e incorporar todos os ingredientes.
4. Faça uma bola com a massa e sove até adquirir consistência homogênea.
5. Jogue a bola de massa com força na superfície e repita a ação 50 vezes. Cubra com uma vasilha de vidro quente emborcada por 15 minutos (a vasilha pode ser aquecida por 1 minuto em forno quente).

Para a montagem
1. Coloque um pano limpo sobre uma superfície seca e enfarinhe.
2. Depois que a massa descansar, coloque-a em uma superfície lisa e comece a abri-la com um rolo ou então passando os punhos lentamente sobre ela até que fique na forma de disco.
3. Quando a massa estiver bem fina, mas sem se romper, coloque-a sobre o pano, com cuidado, moldando um retângulo. Acerte as bordas com um cortador de pizza.
4. Pincele a superfície da massa com a mistura de leite e creme de leite.
5. Espalhe o recheio de abobrinha por igual sobre a massa, deixando uma borda de 2 cm em toda a lateral. Você vai precisar dessa borda para fechar bem o seu strudel.
6. Acrescente a mistura de creme de leite com o queijo Taleggio e espalhe o manjericão.
7. Use o pano para o recheio não cair, fazendo uma leve dobra dos lados.
8. Levante o pano pelos cantos e, com todo o cuidado, enrole o strudel de baixo para cima.
9. Em uma assadeira forrada de papel-manteiga, coloque o strudel. Pincele a superfície com leite e creme de leite e asse a 180°C por 35 minutos ou até que ele esteja bem dourado.
10. Deixe esfriar por alguns minutos antes de fatiar e servir.

French toast com figos assados e alecrim

Rendimento: 4 porções | **Tempo aproximado de preparo:** 20 minutos

INGREDIENTES

- 8 figos maduros
- 4 fatias de pão de brioche
- 1 ovo
- ½ xícara de chá de leite
- ½ xícara de chá de creme de leite
- ¼ xícara de chá de açúcar
- ¼ fava de baunilha
- Manteiga clarificada para fritar
- Alecrim a gosto
- Mel a gosto

MODO DE PREPARO

1. Preaqueça o forno a 180°C.
2. Corte os figos ao meio e os coloque em uma assadeira. Regue com um fio de mel e salpique alecrim a gosto. Leve ao forno por aproximadamente 10 minutos.
3. Em um recipiente, misture o ovo, o leite, o creme de leite, o açúcar e o miolo da fava.
4. Passe cada fatia de pão na mistura. Em uma frigideira, esquente a manteiga e frite as fatias de pão até dourar. Está pronta a sua french toast.
5. Sirva com os figos assados.

DICA:

Se você não tiver brioche, pode usar um pão amanhecido.

Quibe de abóbora com recheio de ricota ao mel

Rendimento: 4 porções | **Tempo aproximado de preparo:** 1h20 minutos

Nas palavras do Antônio Calloni: essa receita fica uma loucura!

INGREDIENTES

- ✓ 1 cebola-roxa picada
- ✓ 250 g de purê de abóbora japonesa
- ✓ 200 g de ricota
- ✓ 2 xícaras de chá de trigo para quibe
- ✓ 1 pimenta-dedo-de-moça picadinha sem sementes
- ✓ 2 dentes de alho picadinhos
- ✓ Cebolinha a gosto
- ✓ Sal a gosto
- ✓ Zaatar a gosto
- ✓ Mel a gosto
- ✓ Hortelã a gosto

MODO DE PREPARO

1. Hidrate o trigo por 30 minutos e escorra, apertando para retirar o excesso de água.
2. Em um bowl, junte o purê de abóbora com o trigo. Tempere com sal, cebola, alho, cebolinha e o zaatar. Misture bem, pode ser com as mãos mesmo.
3. Em outro bowl, esfarele a ricota e tempere com a pimenta picada, o mel e a hortelã.
4. Em uma assadeira, coloque uma camada da mistura de abóbora, e, por cima, outra camada com a ricota. Adicione mais uma camada de abóbora e finalize regando com azeite.
5. Leve ao forno preaquecido a 200ºC por 40 minutos.

Muffin de queijo

Rendimento: 15 porções | **Tempo aproximado de preparo:** 40 minutos

INGREDIENTES

- ✔ 6 xícaras de chá de farinha de trigo
- ✔ 2 colheres de sopa de açúcar
- ✔ 4 colheres de chá de fermento em pó
- ✔ 1 ½ colher de chá de bicarbonato de sódio
- ✔ 1 xícara de chá de queijo parmesão fresco
- ✔ 4 xícaras de chá de leite
- ✔ 1 limão-taiti
- ✔ 1 xícara de chá de manteiga derretida
- ✔ 3 ovos grandes
- ✔ Molho bechamel (ver no capítulo Caldos e Molhos)

MODO DE PREPARO

1. Coloque algumas gotas de limão no leite em temperatura natural e deixe reservado por cerca de 15 minutos.
2. Misture todos os ingredientes líquidos em uma vasilha e os secos em outra.
3. Adicione os secos aos líquidos e misture.
4. Coloque a mistura em forminhas untadas e asse em temperatura de 160°C por aproximadamente 15 minutos. Estão prontos os seus muffins.
5. Em uma assadeira, espalhe molho bechamel e distribua os muffins ainda quentes.
6. Polvilhe com um pouco do queijo ralado por cima e leve novamente ao forno por 4 a 5 minutos para gratinar.

Muffin de queijo

Purê de maçã com brócolis e gorgonzola

Rendimento: 4 porções | **Tempo aproximado de preparo:** 30 minutos

INGREDIENTES

- ✓ 4 maçãs vermelhas
- ✓ Suco de 1 limão
- ✓ 1 maço de brócolis cozido e bem picadinho, sem os talos
- ✓ 2 colheres de sopa de água
- ✓ 100 g de gorgonzola
- ✓ 1 dente de alho
- ✓ Sal a gosto

MODO DE PREPARO

1. Descasque as maçãs, retire as sementes, corte em cubos e leve ao fogo para cozinhar.
2. Quando estiverem bem cozidas, adicione o suco de limão à água e cozinhe mais um pouco.
3. Em um processador, bata o alho macerado com a maçã e o brócolis até que fique homogêneo, mas com pedaços bem crocantes de brócolis. Cuidado para não virar um creme.
4. Volte para a panela e esfarele o gorgonzola por cima.
5. Misture tudo enquanto ainda está bem quente por 1 a 2 minutos. Sirva imediatamente.

DICA:

Se quiser arriscar e acrescentar umas folhinhas de hortelã, quando for bater os ingredientes no processador, fica bem gostoso e interessante.

Cuscuz marroquino crocante

Rendimento: 4 porções | **Tempo aproximado de preparo:** 25 minutos

INGREDIENTES

- ✓ 200 g de cuscuz marroquino
- ✓ 50 g de castanha-de-caju
- ✓ 50 g de castanha-do-pará cortadas grosseiramente
- ✓ 50 g de nozes pecan cortadas grosseiramente
- ✓ 6 ramos de tomilho
- ✓ Alecrim e sálvia a gosto
- ✓ Azeite extravirgem a gosto
- ✓ Sal e pimenta-do-reino a gosto

MODO DE PREPARO

1. Em um recipiente fundo, coloque o cuscuz e cubra com água fervente até passar cerca de um centímetro e meio.
2. Feche com plástico-filme e deixe hidratando por cerca de 15 minutos (descarte a água se sobrar).
3. Em uma assadeira, coloque as castanhas e as nozes e leve ao forno preaquecido a 180°C por cerca de 10 minutos, para ficarem crocantes. Se preferir, leve-as ao fogo em uma frigideira. Em seguida, triture-as em um pilão.
4. Com a ajuda de um garfo, solte o cuscuz e regue com azeite.
5. Pique as ervas bem fininhas e misture ao cuscuz.
6. Adicione as nozes e as castanhas. Tempere com sal e pimenta-do-reino a gosto. Sirva em seguida.

Pimentão recheado com quinoa

Rendimento: 4 porções | **Tempo aproximado de preparo:** 45 minutos

INGREDIENTES

- ✓ 4 pimentões coloridos cortados pela metade e sem sementes
- ✓ 1 xícara de chá de quinoa
- ✓ 2 espigas de milho cozidas e debulhadas
- ✓ 1 cenoura ralada bem fininha
- ✓ 2 colheres de sopa de azeite
- ✓ 2 dentes de alho
- ✓ 1 cebola-branca picada
- ✓ 1 cebola-roxa picada
- ✓ 1 colher de chá de cominho
- ✓ 1 colher de chá de pó de chilli
- ✓ 1 colher de chá de alho em pó
- ✓ Casca de 1 limão-siciliano
- ✓ Salsinha e cebolinha picada a gosto

MODO DE PREPARO

1. Em uma panela, ferva um pouco de água com meia cebola-roxa, 2 dentes de alho e a casca do limão-siciliano. Retire os ingredientes e cozinhe a quinoa nesse caldo aromatizado por cerca de 15 minutos.
2. Preaqueça o forno a 200°C e unte uma assadeira com azeite.
3. Em uma frigideira grande, aqueça o azeite e refogue a cebola em fogo baixo. Adicione o alho em pó, o chilli, o cominho e misture bem, cozinhando por cerca de 1 minuto. Adicione o milho, a salsinha, a cebolinha e a cenoura.
4. Incorpore a quinoa cozida à essa mistura. Tempere com o sal.
5. Recheie os pimentões generosamente com essa mistura, coloque-os na assadeira untada e cubra com papel-alumínio. Leve ao forno por 20 a 25 minutos.
6. Polvilhe os pimentões com a salsinha picada para decorar o prato. Sirva em seguida.

DICA:

Se desejar um recheio mais úmido, amasse uma lata de tomate pelado, tempere com três gotinhas de molho inglês, sal e pimenta-do-reino a gosto. Leve ao fogo e deixe refogar por cerca de 15 minutos. Então, misture o recheio de quinoa a esse molho e preencha os pimentões. Outra opção é regar os pimentões já recheados com esse molho antes de levá-los ao forno.

DOCES

Os doces sempre foram um mistério para mim, e eu achava
que era preciso muita técnica e conhecimento para prepará-los.
Quantas vezes não me frustrei ao entrar toda animada na
cozinha para preparar um doce e simplesmente não conseguia...
Ao longo dos anos, fui percebendo que os doces são um
carinho a mais para encerrar uma refeição ou acompanhar
um bom bate-papo com uma xícara de café.
Doces simples, como uma boa compota de abóbora, são
lembranças da minha infância que carrego comigo. Uma mousse
ou um simples bolo de milho quentinho são sabores e prazeres
que quero preservar em minha vida, ensinar para as minhas
filhas e preparar para agradar meus convidados. E, descobri que,
sim, técnica é importante, mas nada supera uma boa receita.
Então, para este capítulo, selecionei receitas fáceis de fazer
e que são deliciosas. Espero que você, assim como eu, entre
na cozinha com segurança e confiança sempre que quiser
se deliciar com um bom doce. Boa sorte!

Angel Cake com calda de frutas vermelhas

Rendimento: 6 porções | **Tempo aproximado de preparo:** 1h30 minutos

Esta receita é facílima e linda de morrer. Quem me ensinou foi minha sous-chef especialista em doces, Camila Martins. A Camila, além de linda demais, é confeiteira de mão-cheia e durante anos me acompanhou no programa Receitas da Carolina.

INGREDIENTES

Para o bolo

- ✓ 1 xícara de farinha de trigo
- ✓ 2 colheres de sopa de amido de milho
- ✓ 1 xícara de açúcar cristal
- ✓ ½ colher de chá de fermento em pó
- ✓ 9 claras
- ✓ ¼ de colher de chá de cremor tártaro ou 1 colher de chá de suco de limão
- ✓ Raspas de 1 limão-siciliano
- ✓ 120 g de manteiga derretida e morna

Para a compota

- ✓ 900 g de frutas vermelhas (morango, mirtilo, framboesa e amora)
- ✓ 250 g de açúcar refinado
- ✓ Suco de 1 limão-taiti
- ✓ Açúcar de confeiteiro para decoração

MODO DE PREPARO

Para o bolo

1. Em um bowl, peneire de 2 a 3 vezes a farinha de trigo, o amido, o fermento e metade do açúcar. Reserve.
2. Bata as claras até que fiquem em ponto de neve. Então acrescente a metade restante do açúcar e o cremor tártaro ou o suco de limão, batendo até que esteja uniforme.
3. Acrescente as raspas de limão nas claras e continue batendo até formar picos não muito firmes. Então acrescente a manteiga derretida, com a batedeira em velocidade baixa e em seguida desligue.
4. Use uma espátula para misturar delicadamente os ingredientes secos peneirados, pois não queremos quebrar a consistência das nossas claras em neve.
5. Coloque a massa em uma forma sem untar.
6. Leve ao forno preaquecido a 180°C por cerca de 40 minutos.
7. Faça o teste do palito. Se espetar no bolo e ele sair limpo, está pronto.
8. Espere esfriar completamente para desenformar.

Para a compota

1. Em uma panela, junte todos os ingredientes, leve ao fogo e deixe reduzir, mexendo de vez em quando.
2. Abaixe o fogo e cozinhe até o ponto de geleia. Reserve.

Para a montagem
1. Com o bolo desenformado, acrescente a compota de frutas vermelhas por cima.
2. Decore com mais frutas e peneire o açúcar de confeiteiro para decorar.

Angel Cake com calda de frutas vermelhas

Torta de peras

Rendimento: 6 porções | **Tempo aproximado de preparo:** 1h45 minutos

Esta é uma das minhas sobremesas favoritas, facílima de fazer e muito bonita! Fica com aquele aspecto de sobremesa feita no campo. Sabe quando imaginamos uma torta perfumada recém-saída do forno, que a nossa avó colocava na janela para esfriar? Imaginou? Pois bem, é essa torta que você vai comer agora.

INGREDIENTES

Para a massa (*pâte brisée*)

- ✓ 1 a 1 ¼ xícaras de chá de farinha de trigo
- ✓ 7 colheres de sopa de manteiga sem sal, gelada, em pedacinhos
- ✓ 1 pitada de sal
- ✓ 3 colheres de sopa de água gelada

Para o recheio

- ✓ De 8 a 10 peras sem casca cortadas em gomos
- ✓ 8 colheres de sopa de açúcar
- ✓ Suco de 2 limões
- ✓ 2 colheres de sopa de manteiga

MODO DE PREPARO

Para a massa

1. No processador, coloque a farinha, a manteiga e o sal. Bata até ficar com o aspecto de uma farofa.
2. Acrescente a água e bata até que a massa comece a dar liga. Faça isso ligando e desligando o processador de 6 a 8 vezes.
3. Coloque a massa entre duas folhas de papel-manteiga e achate-a até formar um disco. Se estiver muito grudenta, salpique farinha aos poucos para não passar do ponto.
4. Leve à geladeira por no mínimo 1 hora.

Para o recheio

1. Em uma frigideira funda, derreta a manteiga e acrescente as peras e o açúcar.
2. Vá mexendo as peras e regando aos poucos com o suco de limão, por 10 a 15 minutos, até que fiquem cozidas e douradas.
3. Quando estiverem bem douradas, passe da frigideira para uma travessa de vidro redonda refratária e cubra com *pâte brisée*.
4. Faça alguns furos na massa com um garfo para que não se formem bolhas e leve ao forno preaquecido por 20 minutos a 180°C.
5. Basta desenformar e servir ainda quente. Fica ótima pura ou acompanhada de sorvete de creme.

Mousse de chocolate

Rendimento: 2 porções | **Tempo aproximado de preparo:** 4h30 minutos

Consegui esta receita no Spa Lapinha quando estava grávida da minha filha Isabel. Fiquei fascinada com a facilidade e o sabor dessa mousse. Afinal, quem resiste a uma boa mousse de chocolate?

INGREDIENTES

- ✓ 1 xícara de chá de chocolate meio amargo ralado e derretido
- ✓ 3 gemas
- ✓ 3 claras
- ✓ 2 colheres de sopa de agave
- ✓ 3 colheres de sopa de creme de soja (pode subsistir por creme de leite se preferir)
- ✓ 1 colher de sopa de conhaque
- ✓ 1 colher de chá de gengibre ralado
- ✓ 1 pitada de sal marinho

MODO DE PREPARO

1. Derreta o chocolate em banho-maria.
2. Bata as claras com o agave.
3. Em seguida, misture as gemas com o sal, o conhaque, o gengibre e o creme de soja.
4. Misture com delicadeza todos os ingredientes e leve para gelar por 4 horas.

Cheesecake de chocolate com manteiga de amendoim

Rendimento: 8 porções | **Tempo aproximado de preparo:** 8 horas

INGREDIENTES

Para a massa

- 120 g de biscoito wafer de chocolate triturados
- 2 colheres de sopa de manteiga sem sal derretida
- 2 colheres de sopa de açúcar

Para o recheio

- 120 g de chocolate amargo picado (70% de cacau)
- 900 g de cream cheese em temperatura ambiente
- 1 ½ xícara de açúcar
- 1 pitada de sal
- 1 colher de chá de essência de baunilha
- 4 ovos grandes em temperatura ambiente
- ½ xícara de manteiga de amendoim

MODO DE PREPARO

1. Preaqueça o forno a 180°C.
2. Cubra a parte externa de uma forma de fundo removível de 21 cm de diâmetro com duas camadas de papel-alumínio. Essa operação é importante, pois o papel-alumínio irá proteger o cheesecake da água quando você for cozinhá-lo em banho-maria.
3. Unte a parte interna da forma com óleo. Cuidado para não exagerar na quantidade.
4. Pegue uma folha de papel-manteiga, recorte no diâmetro exato da sua forma e cubra o fundo da forma.
5. Em um bowl médio, derreta a manteiga e junte o biscoito wafer de chocolate triturado, o açúcar e misture bem, com as mãos mesmo, até formar uma massa.
6. Pressione essa massa no fundo da forma e asse por 7 a 10 minutos.
7. Espere esfriar completamente para seguir com sua receita. Pode levar à geladeira se quiser acelerar o processo.
8. Enquanto isso, derreta o chocolate em banho-maria. Deixe esfriar um pouco.
9. Em uma batedeira, bata o cream cheese por mais ou menos 3 minutos, até que fique fofo.
10. Reduza a velocidade da batedeira e adicione o açúcar aos poucos, deixando incorporar na mistura.
11. Adicione o sal e a baunilha até que a mistura fique homogênea.
12. Coloque os ovos, um de cada vez, deixando incorporar bem antes de adicionar o próximo ovo.
13. Divida a mistura de cream cheese em duas partes: misture metade com o chocolate e a outra metade com a manteiga de amendoim. Mexa bem até que os dois recheios estejam homogêneos.

14. Coloque uma concha da mistura da manteiga de amendoim no centro da sua forma e espalhe gentilmente. Dê umas batidinhas com a forma na bancada para ajudar a assentar. Repita a operação com a mistura de chocolate e vá alternando as duas misturas até que elas terminem e estejam mescladas.
15. Leve ao forno para assar em banho-maria por mais ou menos 1h20, até que o cheesecake esteja firme, mas um pouco mole no meio.
16. Deixe esfriar fora do forno e refrigere por 6 horas no mínimo.

DICA:
Para derreter o chocolate, use uma vasilha maior que a panela com água. Assim, o bowl não entra em contato com água e o chocolate derrete apenas com o vapor, de modo bem uniforme.

Bolo cremoso de milho com coco
Rendimento: 8 porções | **Tempo aproximado de preparo:** 50 minutos

Fácil, rápido e gostoso demais.

INGREDIENTES
- ✓ 2 latas de milho sem a água
- ✓ 100 ml de leite de coco
- ✓ 1 lata de leite condensado
- ✓ 1 xícara de leite
- ✓ 3 ovos
- ✓ 100 g de coco ralado
- ✓ 50 g de manteiga
- ✓ 1 colher de sopa de fermento
- ✓ ½ xícara de chá de farinha de trigo

MODO DE PREPARO
1. Bata todos os ingredientes no liquidificador, menos o fermento e a farinha.
2. Acrescente o fermento e a farinha e mexa com uma colher.
3. Unte uma forma de 23 cm de diâmetro e coloque para assar por aproximadamente 40 minutos no forno preaquecido a 180ºC.

Churros com doce de leite ou chocolate

Rendimento: 6 a 8 porções | **Tempo aproximado de preparo:** 1 hora

Eu amo churros. Amo, amo, amo perdidamente. E olha que não sou uma grande fã de doces, mas não consigo resistir a um churro quentinho. É um pecado!

INGREDIENTES

Para os churros

- 1 xícara de chá de farinha de trigo
- 1 colher de chá de fermento
- 1 xícara de chá de água
- 2 colheres de sopa de manteiga
- 1 colher de sopa de açúcar
- 1 colher de chá de sal
- 1 ovo
- Óleo para fritar
- Açúcar e canela em pó para polvilhar

Para a calda de doce de leite

- 1 lata de doce de leite
- 200 g de creme de leite

Para a calda de chocolate

- 300 g de chocolate amargo picado
- 100 ml de creme de leite
- 50 ml de leite

MODO DE PREPARO

Para os churros

1. Peneire a farinha e o fermento e reserve.
2. Em uma panela, leve ao fogo a água, a manteiga, o açúcar e o sal. Deixe ferver e acrescente a farinha, misturando bem para não empelotar.
3. Continue mexendo, até a massa "secar" e a farinha cozinhar, o que leva aproximadamente 5 minutos. Então apague o fogo.
4. Em outro recipiente, acrescente o ovo à massa e misture bem (pode ser na batedeira em velocidade mínima, apenas para misturar).
5. Coloque a massa em um saco de confeiteiro com um bico pitanga grande.
6. Aqueça o óleo e, diretamente na panela, corte pedacinhos de massa.
7. Frite até ficar dourado. Retire o excesso de óleo da fritura com papel-toalha.
8. Misture o açúcar e a canela e passe os churros para confeitar. Sirva com calda de doce de leite ou calda de chocolate.

Para a calda doce de leite
Em uma panela, leve os ingredientes ao fogo e misture até ficar uniforme.

Para a calda de chocolate
Ferva o leite e o creme de leite, então acrescente o chocolate picado e mexa em fogo médio até que se torne uma calda espessa e consistente, porém líquida.

Dica 1:
Se preferir, corte a massa de churros no tamanho desejado em uma assadeira untada e leve à geladeira por cerca de 1 hora, para que estejam bem firmes na hora de fritar. Se sobrar, você pode congelar.

Dica 2:
Você também pode rechear os seus churros com a calda.

Churros com doce de leite ou chocolate

Compota de mamão

Rendimento: 4 porções | **Tempo aproximado de preparo:** 1 hora

Você pode usar essa receita como base para fazer vários doces, como doce de abóbora, de laranja e muitos outros. Basta acrescentar uma ou outra variação de fruta e você poderá fazer os mais variados doces de frutas frescas. Eu gosto, especialmente, do doce de mamão. Fica um espetáculo com uma fatia generosa de queijo minas bem curado.

INGREDIENTES

- ✓ 500 g de mamão-formosa quase maduro
- ✓ 500 g de açúcar
- ✓ 1 colher de chá de bicarbonato de sódio
- ✓ 1 colher de chá de sal
- ✓ 3 cravos
- ✓ 1 canela em pau

MODO DE PREPARO

1. Descasque o mamão e descarte as sementes.
2. Corte em cubos médios ou em lâminas.
3. Misture todos os ingredientes em uma panela.
4. Mexa bem até que o açúcar se dissolva.
5. Quando formar uma calda, tampe e mexa de vez em quando até que o mamão fique com a consistência de geleia.
6. Deixe esfriar e sirva com queijo minas fresco ou curado.

DICA:

O mamão não pode estar totalmente maduro, senão ele fica muito mole e não aguenta o processo de cozimento. Na geladeira, essa compota dura até 45 dias.

Pudim de abóbora

Rendimento: 10 porções | **Tempo aproximado de preparo:** 3 horas

INGREDIENTES

Para o pudim

- ✓ 2 latas de leite condensado
- ✓ 4 latas de leite (usar a lata de leite condensado como medida)
- ✓ 5 ovos
- ✓ 600 g de abóbora-japonesa ou moranga cozida com água e sal

Para a calda

- ✓ 50 g de açúcar
- ✓ 100 ml de água quente

MODO DE PREPARO

1. Preaqueça o forno a 230°C. Bata todos os ingredientes do pudim no liquidificador.
2. Em uma panela, aqueça o açúcar até começar a derreter para fazer a calda.
3. Junte a água aos poucos, mexendo sempre, até atingir ponto de caramelo. Em seguida, espalhe na forma de pudim.
4. Despeje a massa do pudim na forma caramelizada e leve ao forno preaquecido a 230°C em banho-maria por cerca de 45 minutos.
5. Leve à geladeira e só desenforme quando estiver bem frio.

DICA:

A massa desse pudim é um pouco líquida mesmo, não se assuste!

Sorbet de maracujá

Rendimento: 4 porções | **Tempo aproximado de preparo:** 7 horas

INGREDIENTES

- ✔ 300 g de polpa de maracujá com as sementes
- ✔ 3 bananas-prata
- ✔ 100 ml de água
- ✔ 100 g de açúcar refinado
- ✔ Suco de ½ limão

MODO DE PREPARO

1. Bata a polpa com a água no liquidificador e coe. Devolva a polpa coada ao liquidificador e bata com os demais ingredientes.
2. Em uma batedeira, bata a mistura por 3 ou 4 minutos até ficar bem cremosa. Leve ao freezer por 2 ou 3 horas, na vasilha da batedeira mesmo.
3. Retire do freezer e bata na batedeira novamente para incorporar mais ar ao sorbet. Leve ao freezer novamente por 2 ou 3 horas.
4. Repita esse processo mais duas ou três vezes e deixe endurecer no freezer.
5. Sirva assim que retirar do freezer.

DICA:

Você também pode testar essa receita usando manga no lugar da banana.

Bolo de brigadeiro com calda de chocolate da Carlúcia

Bolo de brigadeiro com calda de chocolate da Carlúcia

Rendimento: 15 a 20 porções | Tempo aproximado de preparo: 1h30 minutos

Fácil, rápido e prático, esse bolo é um sucesso, não há a menor dúvida. A Carlúcia me contou que é uma das sobremesas que ela mais prepara em seus almoços. É comer e ser feliz!

INGREDIENTES

Para o bolo

- ✓ 6 ovos
- ✓ 500 g de achocolatado
- ✓ 4 colheres de sopa de margarina
- ✓ 3 xícaras de chá de farinha de trigo
- ✓ 2 xícaras de chá de leite
- ✓ 3 colheres de sopa de fermento em pó

Para a calda

- ✓ 1 lata de creme de leite
- ✓ 1 lata de leite condensado
- ✓ 8 colheres de sopa de achocolatado
- ✓ 1 colher de sopa de manteiga sem sal

MODO DE PREPARO

1. Preaqueça o forno a 230°C e unte a forma.
2. Em uma batedeira, bata os ovos. Acrescente o achocolatado e bata na velocidade mínima. Então adicione a manteiga e aumente a velocidade da batedeira. Em seguida, adicione a farinha, o leite e bata até ficar homogêneo. Por último, acrescente o fermento e misture.
3. Coloque na forma e leve ao forno por cerca de 25 minutos.
4. Enquanto isso, misture os ingredientes da calda em uma panela, leve ao fogo e mexa sempre. Depois de ferver, continue mexendo por 1 a 2 minutos.

DICA:

Se quiser ousar na apresentação, corte o bolo em cubos bem pequenos e sirva em uma taça de Martini, com uma bola de sorvete de canela ou creme. Regue com a calda de chocolate e finalize com nozes trituradas. Além de delicioso, fica lindo! De comer com os olhos.

Crème brûlée

Rendimento: 4 porções | **Tempo aproximado de preparo:** 6 horas

INGREDIENTES

- ✓ 300 g de creme de leite fresco
- ✓ 200 ml de leite
- ✓ 1 fava de baunilha
- ✓ 6 gemas
- ✓ 100 g de açúcar
- ✓ 30 g de açúcar refinado
- ✓ 30 g de açúcar mascavo peneirado

MODO DE PREPARO

1. Preaqueça o forno a 120ºC. Leve uma chaleira de água ao fogo para esquentar.
2. Em uma panela, leve ao fogo o creme de leite e o leite para esquentar com meia fava de baunilha cortada ao meio e raspada.
3. Quando estiver prestes a ferver, desligue e retire a fava.
4. Em um bowl, misture as gemas com o açúcar. Bata bastante para ficar bem cremoso; acredite, faz diferença.
5. Com uma concha, vá adicionando aos poucos o creme de leite ainda quente às gemas, batendo sempre com o fouet para que elas não cozinhem.
6. Bata por mais 1 ou 2 minutos depois que terminar de adicionar o creme de leite e disponha em potinhos individuas. Em uma assadeira, despeje a água quente da chaleira e então coloque os potinhos, de modo que a água não ultrapasse a altura da metade deles.
7. Leve ao forno nesse banho-maria e asse por 30 a 35 minutos, até o creme estar firme nas bordas, mas um pouco mole no centro.
8. Deixe esfriar em temperatura ambiente e leve à geladeira por 4 horas.
9. Na hora de servir, cubra com a mistura de açúcar refinado e mascavo, e queime com um maçarico. Sirva imediatamente.

Tiramisu

Rendimento: 8 porções | **Tempo aproximado de preparo:** 3 horas

INGREDIENTES

- ✓ 2 xícaras de chá de café forte e frio
- ✓ 2 colheres de sopa de vinho marsala
- ✓ 2 colheres de sopa de rum
- ✓ 5 gemas
- ✓ 200 g de açúcar
- ✓ 200 g de queijo mascarpone em temperatura ambiente
- ✓ 150 ml de creme de leite fresco
- ✓ 300 g de biscoito champanhe
- ✓ 4 colheres de sopa de cacau em pó para polvilhar

MODO DE PREPARO

1. Bata o creme de leite em ponto de chantilly e reserve.
2. Bata as gemas e o açúcar até conseguir uma mistura espessa e esbranquiçada.
3. Amasse o mascarpone com um garfo e adicione as gemas até virar uma mistura homogênea.
4. Sem deixar de mexer, adicione o creme de leite batido e incorpore bem até conseguir uma mistura homogênea. Reserve.
5. Em uma vasilha, acrescente o vinho, o café, o rum e umedeça os biscoitos nessa mistura, rapidamente para que não se quebrem.
6. Forre o fundo de uma travessa retangular alta com os biscoitos.
7. Cubra os biscoitos com uma camada de creme, coloque outra camada de biscoitos umedecidos por cima e forre o restante com creme.
8. Cubra com papel-filme e leve à geladeira por 2 horas.
9. Antes de servir, polvilhe com cacau para decorar.

Pudim de claras

Rendimento: 6 porções | **Tempo aproximado de preparo:** 1h30 minutos

INGREDIENTES

Para o pudim

- ✓ 10 claras
- ✓ 2 xícaras de açúcar
- ✓ 1 pitada de sal refinado

Para calda

- ✓ 1 xícara de açúcar
- ✓ ¼ xícara de água
- ✓ 1 pitada de flor de sal

MODO DE PREPARO

Para a calda

1. Dissolva o açúcar na água e leve ao fogo por cerca de 10 minutos, até caramelizar e ficar dourado.
2. Tire do fogo e acrescente a flor de sal. Despeje o caramelo na forma de pudim.
3. Segurando a forma com um pano de prato, vá girando de maneira que o caramelo cubra as laterais da forma. Reserve.

Para o pudim

1. Em uma batedeira, bata as claras com uma pitada de sal.
2. Acrescente o açúcar aos poucos, até que as claras fiquem bem firmes.
3. Com uma colher, transfira delicadamente as claras para a forma caramelizada e espalhe com uma espátula se precisar.
4. Dê uma batidinha com a forma na bancada de vez em quando para a clara se acomodar e o pudim não ficar com furinhos.
5. Leve ao forno e asse em banho-maria por aproximadamente 1 hora ou até que o pudim fique dourado.
6. Retire o pudim do forno e aguarde até que fique morno. Então, passe a faca nas laterais para que ele saia com facilidade quando você for desenformar.
10. Vire a forma do pudim sobre um prato e leve à geladeira. Quando estiver gelado, desenforme e sirva.

Pudim de claras

Naked cake de chocolate com chantilly de mel

Rendimento: 8 porções | **Tempo aproximado de preparo:** 1h30 minutos

INGREDIENTES

Para o bolo

- ✔ 300 g de manteiga sem sal
- ✔ ¾ de xícara de cacau em pó
- ✔ 2 ¼ xícaras de açúcar
- ✔ 4 ovos grandes levemente batidos
- ✔ 3 xícaras de farinha de trigo
- ✔ 1 colher de chá de bicarbonato de sódio
- ✔ ½ colher de chá de sal
- ✔ 1 xícara de leite
- ✔ ½ xícara de água fervente
- ✔ Açúcar de confeiteiro para decorar
- ✔ Frutas frescas para decorar

Para o chantilly

- ✔ 300 ml de creme de leite fresco
- ✔ 50 ml de mel

MODO DE PREPARO

Para o bolo

1. Preaqueça o forno a 180ºC.
2. Unte com manteiga duas formas redondas de 20 cm, colocando papel-manteiga no fundo e polvilhando cacau nas bordas e no fundo.
3. Em um bowl, misture a farinha, o sal e o bicarbonato. Reserve.
4. Em outro bowl, peneire o cacau em pó e adicione a água fervente, misturando com um fouet e deixe esfriar.
5. Em uma batedeira com a pá, bata a manteiga até que ela fique cremosa, adicione o açúcar aos poucos, sempre raspando os lados da forma.
6. Adicione os ovos lentamente, deixando bater bem.
7. Adicione o cacau e o leite aos poucos na batedeira e, em seguida, acrescente aos poucos a mistura da farinha, sal e bicarbonato.
8. Divida a massa nas duas formas e leve para assar por 40 a 45 minutos.
9. Retire do forno e deixe esfriar completamente antes de desenformar.

Para o chantilly

Bata o creme de leite fresco na batedeira até ficar no ponto de chantilly. Acrescente o mel e continue batendo até incorporá-lo.

Para a montagem

1. Cubra um dos bolos com uma camada generosa de chantilly. Coloque o outro bolo por cima, como se fosse um grande biscoito recheado.
2. Finalize colocando o restante do chantilly por cima do bolo. Decore com as frutas e o açúcar de confeiteiro.

Bolo de maçã

Rendimento: 8 a 10 porções | **Tempo aproximado de preparo:** 50 minutos

Quem me ensinou esta receita foi o querido chef Charlô Whately. Desde o primeiro minuto eu me apaixonei! Faço esse bolo na minha casa há mais de 20 anos. Sério! É fácil de fazer e muito versátil. Podemos servi-lo quente, saindo do forno, acompanhado de um sorvete de creme, ou reservá-lo para comer no dia seguinte em temperatura ambiente. Fica uma delícia. Tenho a sensação de que os sabores se apuram e esse bolo fica mais gostoso a cada dia.

INGREDIENTES

- ✓ 4 xícaras de chá de maçã ralada
- ✓ 1 xícara de chá de uva-passa
- ✓ 1 xícara de chá de nozes trituradas
- ✓ 2 xícaras de chá de açúcar
- ✓ 2 ovos
- ✓ ½ xícara de óleo
- ✓ 2 colheres de chá de bicarbonato de sódio
- ✓ 2 colheres de chá de essência de baunilha
- ✓ 2 colheres de chá de canela
- ✓ 1 pitada de sal
- ✓ 2 xícaras de farinha de trigo

MODO DE PREPARO

1. Em uma vasilha, junte todos os ingredientes sem bater. Por último, acrescente a farinha e misture.
2. Despeje em uma forma de pudim untada de 22 cm de diâmetro.
3. Leve ao forno preaquecido a 180°C por aproximadamente 35 minutos. Espete um palito no bolo, se ele sair limpo é porque está pronto.
4. É só servir!

Romeu e Julieta cremoso

Rendimento: 5 porções | **Tempo aproximado de preparo:** 30 minutos

Esta goiabada cremosa com molho de queijo é uma receita fácil e rápida. É uma delícia servi-la ainda quente em copinhos de cachaça. O perfume que se espalha pela casa é irresistível!

INGREDIENTES
- 300 g de goiabada cascão
- 100 ml de Bourbon
- 50 ml de água
- 250 ml de creme de leite fresco
- ¼ de fava de baunilha
- 300 g de requeijão ou cream cheese

MODO DE PREPARO
1. Em uma panela, adicione o Bourbon e deixe evaporar um pouco do álcool.
2. Adicione a água e a goiabada cortada em cubos. Mexa até virar um creme e reserve.
3. Em outra panela, aqueça o creme de leite com a fava de baunilha cortada ao meio.
4. Misture o cream cheese e deixe incorporar. Quando o cream cheese estiver incorporado ao creme, desligue o fogo.
5. Sirva em um copinho alternando camadas de cream cheese com a goiabada.

Torta de limão com merengue

Rendimento: 6 porções | **Tempo aproximado de preparo:** 3 horas

INGREDIENTES

Para a massa

- ✓ 250 g de farinha de trigo
- ✓ 2 colheres de sopa de açúcar
- ✓ 1 ovo
- ✓ 100 g de manteiga em temperatura ambiente

Para o creme de limão

- ✓ 4 gemas
- ✓ Suco de 2 limões e raspas de 1 limão
- ✓ 1 colher de sopa de manteiga
- ✓ 1 xícara de chá de água fervente
- ✓ 1 xícara de chá de açúcar
- ✓ 2 colheres de sopa de farinha de trigo

Para o merengue

- ✓ 4 claras
- ✓ 4 colheres de sopa de açúcar
- ✓ 1 pitada de sal

MODO DE PREPARO

Para a massa

1. Em um bowl grande, peneire a farinha. Faça um buraco no centro e acrescente os demais ingredientes da massa. Misture bem até que estejam bem incorporados.
2. Adicione 2 colheres de água gelada e amasse até ficar homogêneo. Envolva a massa com papel-filme e leve à geladeira por cerca de 40 minutos.
3. Em uma forma redonda, de 21 cm de diâmetro, untada e enfarinhada, abra a massa e forre o fundo e a lateral.
4. Faça diversos furos na massa com um garfo para evitar que se formem bolhas. Leve ao forno preaquecido a 180°C e asse por cerca de 10 minutos. Retire do forno e deixe esfriar.

Para o creme de limão

1. Em uma panela, junte a farinha, o açúcar e acrescente a água quente aos poucos, mexendo para incorporar bem os ingredientes.
2. Leve ao fogo e deixe ferver até engrossar, o que leva 5 a 10 minutos.
3. Deixe esfriar um pouco e então adicione o suco, as raspas de limão, as gemas, a manteiga e misture bem.
4. Leve essa mistura ao fogo em banho-maria por cerca de 15 minutos, mexendo de preferência com o fouet para não empelotar.
5. Despeje o creme sobre a massa e leve ao forno médio por cerca de 10 minutos.

Para o merengue

1. Bata as claras em neve com uma pitada de sal. Adicione o açúcar aos poucos até obter o merengue.
2. Cubra a torta com o merengue e leve de volta ao forno até dourar.
3. Leve à geladeira até esfriar. Sirva a torta gelada.

Bolo podre de tapioca Fafá de Belém

Rendimento: 6 porções | **Tempo aproximado de preparo:** 4 horas

INGREDIENTES

- ✓ 5 xícaras de chá de farinha de tapioca
- ✓ 200 g de coco ralado fresco
- ✓ 300 ml de leite de coco
- ✓ 1 litro de leite
- ✓ 1 lata de leite condensado
- ✓ 1 canela em pau
- ✓ 6 cravos-da-índia
- ✓ 1 colher de sopa de extrato de baunilha
- ✓ Óleo de coco para untar

MODO DE PREPARO

1. Em um bowl, junte todos os ingredientes e metade do coco ralado, misturando tudo delicadamente até incorporar.
2. Reserve cerca de 100 ml do leite e coloque na lata.
3. Unte uma forma de pudim com óleo de coco ou manteiga e polvilhe o coco ralado, adicione a mistura e leve para geladeira de 2 a 3 horas, até ficar bem consistente.
4. Desenforme e hidrate com o leite que você reservou na lata do leite condensado.
5. Polvilhe mais coco ralado por cima e sirva.

Pastafrola de goiabada chef Diego Sosa

Rendimento: 4 porções | **Tempo aproximado de preparo:** 1h30 minutos

INGREDIENTES

- ✓ 150 g de manteiga
- ✓ 100 g de açúcar de confeiteiro
- ✓ 250 g farinha de trigo
- ✓ 1 ovo
- ✓ 300 g de goiabada bem cremosa

MODO DE PREPARO

1. Em uma vasilha, passe a farinha na peneira. Adicione a manteiga, os ovos, o açúcar e misture bem.
2. Abra a massa com o rolo e coloque em uma forma de 21 cm de diâmetro. Reserve um pouco da massa.
3. Coloque a goiabada no centro da forma e espalhe por toda a massa, até a borda.
4. Estique a massa reservada e corte em tirinhas finas, de cerca de 1 cm.
5. Cubra a torta com as tirinhas nos dois sentidos, mantendo 1 cm de distância entre elas.
6. Asse por 15 minutos em forno a 150ºC.

DICA:

O truque dessa torta é justamente peneirar a farinha para que ela fique mais fina.

Copyright © 2018 Carolina Ferraz
Copyright © 2018 Editora Gutenberg

Todos os direitos reservados pela Editora Gutenberg. Nenhuma parte desta publicação poderá ser reproduzida, seja por meios mecânicos, eletrônicos, seja via cópia xerográfica, sem a autorização prévia da Editora.

EDITORA RESPONSÁVEL
Silvia Tocci Masini

EDITORAS ASSISTENTES
Carol Christo
Nilce Xavier

ASSISTENTE EDITORIAL
Andresa Vidal Vilchenski

PREPARAÇÃO
Andresa Vidal Vilchenski
Nilce Xavier
Silvia Tocci Masini

REVISÃO
Cristiane Maruyama

REVISÃO FINAL
Graziela Marcolin

FOTOGRAFIAS
Robert Schwenck

CAPA E PROJETO GRÁFICO
Diogo Droschi

DIAGRAMAÇÃO
Overleap Studio

Dados Internacionais de Catalogação na Publicação (CIP)
Câmara Brasileira do Livro, SP, Brasil

Ferraz, Carolina
  Na cozinha com Carolina 2 / Carolina Ferraz. – Belo Horizonte : Gutenberg, 2018.

  ISBN 978-85-8235-454-4

  1. Culinária 2. Gastronomia 3. Receitas I. Título.

18-13476   CDD-641.5

Índices para catálogo sistemático:
1. Receitas : Culinária : Economia doméstica 641.5

A **GUTENBERG** É UMA EDITORA DO **GRUPO AUTÊNTICA**

São Paulo
Av. Paulista, 2.073,
Conjunto Nacional, Horsa I
23º andar . Conj. 2310-2312
Cerqueira César . 01311-940
São Paulo . SP
Tel.: (55 11) 3034 4468

www.editoragutenberg.com.br

Belo Horizonte
Rua Carlos Turner, 420
Silveira . 31140-520
Belo Horizonte . MG
Tel.: (55 31) 3465 4500

Rio de Janeiro
Rua Debret, 23, sala 401
Centro . 20030-080
Rio de Janeiro . RJ
Tel.: (55 21) 3179 1975